思想觀念的帶動者
文化現象的觀察者
本土經驗的整理者
生命故事的關懷者

{ PsychoAlchemy }

啟程，踏上屬於自己的英雄之旅
外在風景的迷離，內在視野的印記
回眸之間，哲學與心理學迎面碰撞
一次自我與心靈的深層交鋒

The Unseen Contributions of Culture to Psyche

PHANTOM NARRATIVES

文化幽靈

歷史已經看不見的傷，為什麼還是我們生活中的幽靈？

SAMUEL KIMBLES

賽繆爾·金布爾斯——著　　王浩威、楊菁薷——譯

集體無意識與台灣現況

王浩威（精神科醫師）

為什麼要討論集體的無意識？

　　這一本《文化幽靈：歷史已經看不見的傷，為什麼還是我們生活中的幽靈？》是相當不容易閱讀的一本書，作者十分細膩地分析群體的集體無意識如何影響了我們生活中平常的認知和判斷。從廣義的角度來說，這些認知和判斷也是一種政治：不是投票選舉或是政黨活動的那種政治，而是生活當中無所不在的權力關係，包括族群、性別、階級等等的。

　　深度心理學家，不管是榮格取向還是佛洛伊德取向的精神分析師，很早以前就忍不住跳出來討論這個問題。冷戰結構結束以後，對西方世界而言，邪惡的一方似乎已經結束了，但是世界並沒有因此變得更美好。人們在繼續相信自己過去所追隨的正義隊伍時，反而迷失了對新局勢的判斷能力。這樣的情形，從八零年代以後一次又一次地出現。於是，當政見裡充滿了許多歧視和反民主主張的川普可以當選美國總統時，許多心理學家或精神科醫師都忍不住跳出來討論這一切的深層心理結構。

　　這樣的情形當然不只發生在西方，在台灣恐怕也是如此。這也就是為什麼心靈工坊過去出版了英國重要的榮格分析師安德魯‧

沙繆斯（Andrew Samuels）的《診療椅上的政治：如何成為更有自覺的公民》（*Politics on the Couch: Citizenship and the Internal Life*），和一直投入與種族對話的美國佛洛伊德分析師沃米克‧沃爾肯（Vamık D. Volkan）的《我們為何彼此撕裂？：從大團體心理學踏出和解的第一步》（*Large-Group Psychology: Racism, Societal Divisions, Narcissistic Leaders and Who We Are Now*）這兩本書。

這本書也是繼承上面兩本書的精神，將西方心理學對於當下社會或政治的討論，更進一步加以深化的著作。作者賽謬爾‧金布爾斯（Samuel Kimbles）本身是榮格分析師。他就像當代的榮格分析師一樣，不拘泥學派的限制，相當開放地將一切有關的討論都納進來。因此在這一本書裡面，我們不只可以看到他對榮格心理學的回顧和進一步延伸，也可以看到他如何透過當今的佛洛伊德心理學來強化這一切的討論。當然，心理學之外的，包括社會學和後現代思想，也都在他順手拈來的範圍內。而就是這本書不容易閱讀（以及翻譯）的緣故。但這一切並不影響這本書的重要性，特別是應用於台灣當下的現象時。

另外一個重點，是他本身身為非裔美國人的身分。在全世界，也許越來越多亞洲人士成為佛洛伊德派或榮格派的分析師，但有趣的是，這樣的情形並沒有出現在非洲或歐美的非裔人士上。儘管如此，他們生命的處境，讓這些不同流派的心理學都開始獲得了新的養分。

台灣的心理圈則一直忽略非裔美國人或第三世界心理學的發展。他們從西方心理學的白人主體性陰影走出後，逐漸重新回到自己的主體性，並開始探索自己的心理學，同時也開始建立起自己心

理學的傳統。在台灣，七零年代以來楊國樞教授就一直倡導的本土心理學原本也是這樣的企圖，然而對於原來心理學大傳統裡白人主體性的批判，可以說是完全缺席的；對於非裔美人或第三世界心理學的發展，當然也就更加忽略了。

在這一本書裡面，透過金布爾斯博士的論述，我們可以發現相當多有趣的觀點，甚至可以用來挑戰我們自己亞洲人身分，此外，這些觀點其實也相當適用於目前台灣的景況。

失語的台灣

關於這個時刻的台灣，我其實是悲觀的。

一位移居自香港，成為台灣新住民的朋友，這幾年開始有了很多的觀察。他問起了很多他自己覺得無法理解的台灣現象：學歷造假的事件爆發，卻一切很快就風消雲散了；明明疫情死亡率似乎是世界級的超高，官方卻創造出台灣奇蹟的勝利假象；基層官僚的運作體系似乎是十分親切，但是一切微笑背後所有合情合理的要求都遭到拒絕，完全以所謂的合法來作為藉口，其實是骨子裡有種相當顢頇的立場；民進黨執政好像還不錯（根據宣傳），但似乎沒有不同意見的討論空間，任何批評的聲音越來越屢弱不堪……

他表示，過去在香港也許將台灣的民主制度太理想化了；但是現在這樣的情形：一種唯一的聲音，不管是犯什麼錯，永遠都是理直氣壯而聲量宏亮的；至於其他的聲音，不管有沒有道理，只要是跟這偉大聲音的意見有點相左，好像大家就都永遠不會聽到。當然，這位香港的朋友的思考和觀察有更多的細節。

「這個意見太好了，你應該寫寫！」我聽完立刻這樣反應。他笑著說，他們的立場好像很尷尬，雖然現在還沒拿到身分證，只是永久居留，但感覺自己是台灣人了，卻還是被台灣一般民眾視為外人。這些意見還沒講，就可以感覺到外面一股相當強烈的壓迫力量，讓他不敢公開說出來，就算一般的台灣朋友他也不太提。

他的意見提出兩個層次的問題：一個層次是有太多不合理的事情，雖然是如此明顯，但人們往往很容易就忽略了，甚至當權者還可以指鹿為馬，將事情解釋成完全不一樣的狀況；另外一個層次是集體的失語現象，好像很多感受在還沒形成語言的時候，就立刻感覺到外在一股說不出來的壓力，讓這些感覺又立即壓抑下去了。

在台灣現在似乎民主自由十分蓬勃的表象中，隱隱約約有一些不協調的徵兆，雖然證據的比例是不那麼高，但是如果當作一種症狀來閱讀，似乎這樣的症狀恐怕也有一組很深層的問題在蘊釀著。面對台灣經濟或民主發展的成功，大多數的人們是興奮的；面對大陸在政治或經濟上的威脅，主要的聲音是亢奮的。原本在這種情況之下，人們選擇他們想要看的，同時也忽略掉所有不是這麼支持這些現象的訊息。失語不是唯一的症狀，選擇性的忽略也是另外一個大家視若無睹的症狀。

我們集體的無意識是怎麼影響每一個人生活裡的態度的？當冷戰的結果結束以後，人們發現所有政治的問題並沒有因為邪惡一方的消失而改變。甚至，隨著邪惡對立面的瓦解（比方說，在台灣有國民黨專政的瓦解），有些人進入了權力結構，有些人則依然是一般的老百姓，但大家都同時進入了一種新的權力關係。對於曾經反對邪惡對立面的人們來說，就算他沒有進入到權力的運作結構裡，

但也有一種現在的權力核心是「我們的人」的錯覺，似乎也就有了更大的容忍，甚至是可以視若無睹。

　　當然，這一切都需要更多的思考和討論。我們也許透過這本書的閱讀，可以更深入想想，究竟目前在台灣所發生的一切，到底是怎麼一回事？

翻譯

　　關於這本書的翻譯其實是困難的。這裡要感謝楊菁薷心理師投入了相當大的心力，來面對這個挑戰。我自己原本負責校閱本書所有的稿子，但在許多地方幾乎都是重新翻譯了。即便是如此，這本書的翻譯還是有很多有待商榷的地方，希望以後有再進一步修正的機會，讓作者本身的用心，能夠更準確地傳遞給讀者們。

幻影背景下的省思與啟發
——寫給台灣讀者

　　我成長過程中的頭十一年，是在充斥著種族歧視的美國南方度過的。當時，我並未察覺，群體的社會歷程是由明顯可見的膚色差異，和以此為基礎而建立起來的階級制度所構成。這種種族化設定的內容，以及它對我個人和我的家人意味著什麼，需要長時間透過更多的直接經驗才能充分理解。然而，我在早期就對難以被辨認出的背景價值感到好奇，也正是這種好奇，促使著我去定位與理解那些將其陰影投射在我道路上的力量。我開始瞭解，在那些沒有意識到文化和社會動力是如何影響其看待他人之方式的人們當中，高度結構之無意識心理假設的存在有多麼普遍。社會階級、民族、種族身份，以及另一人的政治偏好所帶來的影響或價值觀假設，驅動著社會動力並推動它們被呈現出來的方式，但在我的教育過程中，尤其在心理學方面，這些動力力量卻從未被談及。在我的青少年時期，我與我的主體有了更深入的連結，這也擴展了我心理學方面的好奇。我越來越能意識到，在我曾短暫參與的每一個群體中，能量是如何在群體背景中運作的；我能感受到這些能量帶給我的一系列反應，卻無法處理或理解，因為那些投射對當時的我來說，幾乎和我沒有任何的關聯。在我開始意識到之前，我甚至不曉得它們是投

射。儘管我的故事是獨一無二的個人故事，但它也反映了同一種力量的代間連續性；這些力量是壓迫、戰爭、暴力的動力，也是原型社會歷史學家米爾恰‧伊利亞德（MirceaEliade）所謂的「歷史的恐怖」（Terror of History）。他認為，群體受難的記憶之所以可怕，是由於受難的個體鮮少求助神話來安慰自己；而未求助的原因在於，現在掌控著個體命運的大社會群體已認定，這些人不配擁有宗教地位，也不應擁有值得回憶的文化歷史。

後來，隨著我對榮格分析研究的深入探討，我便需要另一種方式來思考社會歷程動力中的文化貢獻。從那時候開始，我開始瞭解那種動力屬於無意識，而這也讓我因此意識到無意識是與文化有關的，也屬於個人和原型的。雖然我一開始先提出了文化情結的假設，但是「幻影敘事」卻成為我對這些情結核心的術語，因為這些情結的核心能幫助我們理解心靈因素何以能伴隨過去幾代人們經歷過，卻並未處理、因而一再出現的歷史創傷，如此頻繁地爆發在我們個人和集體的生活中。我意識到，當我們在面對過去集體否認的歷史時，幻影敘事替我們表達了希望和恐懼。幻影敘事就像其他的鬼魂一樣，具有擾亂當下、遮蔽我們對未來希望的力量。

榮格的心靈現實概念是由我們個人心理歷史的意象來呈現，而個人的心理歷史則是神祕象徵的永恆來源；當我使用榮格的心靈現實概念時，這些概念也能夠再現自小就吸引我興趣的心理因素，且這種心理因素如同一種真實的力量場，直至今日依然揮之不去。這些力量產生了集體偏執和文化群體自戀，影響了我們自身的群體認同和對他人群體認同的關係。當我們嘗試和那些因為這些幻影力

場，而擁有相同扭曲經驗的人產生共鳴時，這些力量也影響著我們的主體間本質。

文化無意識正是這些動力的根源，它充滿了對他者性和差異性之未被承認、未受處理的幻想。這些動力透過集體投射的方式在個體之間重演。當我們能看見這種群體敘事的幻影背景時，我們便能以更開放的心態來認識自己和他人。這給了我們勇氣和熱情去探索文化情結中的文化脈絡；且這種探索讓我們得以看見那些在過去僅能被感受、無法言喻的力量。這本書讓我有了能夠訴說這些力量的能力。

寫於二〇二二年八月二日

| 引言 |

訪談幽靈幻影

　　以下是德國《明鏡週刊》（網路版）二〇一三年十一月十七日所發表的奧茲萊姆・蓋澤（Özlem Gezer）《訪談一位幽靈幻影：科尼利厄斯・古利特分享他的祕密》的摘要。

　　八十歲高齡的科尼利厄斯・古利特（Cornelius Gurlitt）隱居於世，他收藏了他父親納粹時期在令人存疑的情況下所獲得的藝術珍品。二〇一二年二月，海關調查人員和官員進入他的公寓，帶走了一千多件藝術品，他的公寓就如同一個「寶庫」一般（Gezer, 2013）。他們什麼也沒留下。被帶走的藝術品包括馬克斯・利伯曼（Max Liebermann）、馬克・夏卡爾（Marc Chagall）、馬克斯・貝克曼（Max Beckman）、弗朗茲・馬克（Franz Marc）、畢卡索（Pablo Picasso）與亨利・馬蒂斯（Henri Matisse）的繪畫和素描作品。這些收藏品顯然來自他的父親希爾德布蘭德・古利特（Hildebrand Gurlitt）[1]遺留下來的遺產，希爾德布蘭德是「藝術評

1　譯註：希爾德布蘭德・古利特（Hildebrand Gurlitt, 1895-1956）是德國藝術史學家、美術館館長，他為希特勒和納粹德國黨政軍領袖戈林授權，所謂頹廢藝術（degenerate art；德文：Entartete Kunst）的四位經銷商之一，亦成為納粹掠奪藝術品的一環。這裡提及的藝術作品在德國納粹掌權時，被歸類為現代主義藝術，亦稱為頹廢藝術。這些作品當時因非德意志人，而是猶太人創作，或是帶有共產主義色彩而歸類違禁品。

　　一九四五年六月，古利特夫婦和二十箱藝術品在阿施巴赫（Schlüsselfeld）被捕。在審訊中，古利特夫妻告訴美國陸軍當局，一九四五年二月對德勒斯登（Dresden）的大轟炸中，大部分的收藏品和交易文件都遭銷毀。在他說服美國和德國當局其中部分是從合法管道獲得之

論家、博物館館長及藝術品經銷商，於一九五六年去世。他是奠定德國現代藝術的主要人士之一，在一九三三年後與納粹仍有著生意上的往來。」（Gezer, 2013）問題在於，希爾德布蘭德・古利特是否以不當的方式獲得了這些畫作和／或藝術品，以及這些藝術珍品是否屬於他的兒子？「幾十年來，古利特每天晚上都會打開這些藝術品的包裝、欣賞它們。現在它們被帶走了，就只剩下古利特孤獨一人。」（Gezer, 2013）他與世隔絕，居住的公寓就是他的全世界。「他會跟他的畫作們說話。它們是他的朋友，在現實生活中不存在，卻是他忠實的夥伴。他認為，他一生的使命就是保護父親的寶物，而且幾十年來，他失去了與現實的任何連結。」（Gezer，2013，「這些人想從我這裡得到什麼？」）他和父親一樣，保護並拯救這些藝術品，避免它們受到他人所帶來的危險。他聲稱自己與如何獲得這些藝術品是無關的，他只是為了保護它們。

　　有一位諮詢服務機構的女士來拜訪他，當時全世界的媒體都聚在他的公寓外，許多陌生人不斷地敲他的門。「他不明白人們想要從他那裡得到什麼。」（Gezer，2013，「沒有我更愛的東西了！」）他認為，自己和父親一樣，是這些畫作的保護者，都是英雄。他的父親保護它們避免遭到俄羅斯和美國人的炸彈攻擊、燒毀。古利特提到了希特勒和納粹政黨。他「似乎困在另外一個時代裡。」（Gezer，2013，「致命的不幸」）並拿自己的困境與卡夫卡的故事《在流放地》（*In the Penal Colony*）[2] 比較。他最初和父母

　　後，他們歸還給他一百一十五件物品，而他將這些傳給他的兒子科尼利厄斯。由於古利特的猶太血統，他成功聲稱自己也是納粹的受害者，因此經談判下，其財產得以不受扣押。

2　　譯註：《在流放地》（*In the Penal Colony*，德文：*In der Strafkolonie*）是卡夫卡用德文寫成的短

住在一起，然後是和姊姊一起，最後則是與母親同住。他的姊姊去年去世了。「然而，無論科尼利厄斯住在哪裡，他依然是以幽靈幻影的狀態存在著。」（Gezer，2013，「與繪畫作品一起長大」）「『在我去世後，他們就能夠對那些藝術作品為所欲為。』」然而在那之前，他希望能夠獨自擁有這些畫作，如此他就能最終再次擁有些許平靜與安寧。」（Gezer，2013，「我真的很想念那些畫作。」）

評論

這個故事告訴我們，當個人從向來所覺知的社會世界以及自己的內在世界開始自行疏離異化時，究竟會發生什麼。某些熟悉的事物（如單獨一個人住）因此而不再熟悉，於是產生了陌生的感受。然而，在這個奇特的小故事中，無意識藉由雜誌上關於科尼利厄斯・古利特的敘事，呈現出大量的文化議題和歷史。我們可以藉由對這個人生活的描述，感受到這種背景中的幻影敘事所帶來的影響，不僅是關乎個人的，也關乎於集體和文化：在過去與現在的敘事之間、個人與文化的敘事之間所產生的衝突，同時原來應該是移動中的歷史也缺席了；個人和群體的創傷繼續揮之不去並渴望著；且這一段苦痛和憤怒的暴力歷史，全都緊貼著一個沒有被體驗和／

篇小說，一九一九年十月首次出版。就像卡夫卡的其他著作一樣，故事的敘述者似乎因為恐怖的事件而與人群脫節或麻木了。故事發生在一個無名流放地島嶼，書中並描述了最後一次使用精心製作的酷刑和處決裝置對待死刑犯的過程；在這個遭判死刑的囚犯慢慢死亡的十二小時過程中，情節慢慢展開，讀者也對這台機器有了更多的了解，包括它的起源和最初的理由。

或辨識出來的文化創傷：在我想像中，這裡頭也就幾乎沒有任何的內在生命；相反地，內在只存在著空洞。古利特敘述簡單而淺顯，而他自身象徵層面的思考和處理，似乎已經崩塌和／或從未發展出來。儘管古利特以藝術品創傷性的失落來定義自己的創傷，他的生活結構終究還是由這一切不曾被消化過的個人和社會的事實（迫害、失落、失望）所編織出來的；與世界上的任何人都隔絕和切斷的他，已經成為看不見的幻影。他對藝術品的依戀讓他擁有一股保護力，不至遭受莫名的恐懼襲擊。鬼魂們以某種方式持續存在，呈現出它們的不在和某一程度的存有。這本書透過文化情結的概念，探討了關於幻影敘事諸多的現象，也引領我們前去審視文化對心靈的衝擊。

進入本書脈絡前的背景介紹

　　各種群體或團體之中不同的活動、差異及激奮，總是攪動我當年還年輕時的意識。我當時觀察自己的家庭背景，包括與四周文化的關係，以及隨後在校園和社會的許多文化歷程，明白了我們其實是以各種不同的方式和群體生活糾纏在一起的。這一切的衝突、困惑以及對歸屬的掙扎，因為恐懼、焦慮、慾望和痛苦所形成的黑暗陰影，更進一步地加重了；而這些恐懼、焦慮、慾望和痛苦往往是群體像惡龍威脅可以隨時將我們任意吞吐而產生的，我於是開始思索群體生活中的轉化潛能。多年以前，深受這一點吸引的我，從最基礎的實習生、領導者，到最後的老師、訓練者及研究者身分，持續地參與著團體。伴隨眾多的疑問，這些拉力引領著我走進了心理學的研究領域：究竟心理學能為群體、機構及文化這些生活的研究做些什麼呢？當我繼續進行榮格分析訓練時，不僅相信無意識的存在，也相信群體生活之無意識活動的相關研究，能為我們帶來改變群體和社會生活所需要的認識與瞭解。當我為組織提供諮詢、參與訓練團體、帶領團體，以及參與社會活動時，我開始相信，如果團體的無意識可以呈現在意識的層面，就可以在群體的層面打開改變的潛能。而透過文化幻影所呈現出來的文化情結，因此我們可以思考生活中主要群體活動的背後無意識動力。對我來說，這種理解變成我的漫長旅程：一種經由參與而開始漫長沉思的冥想歷程。這

樣的冥思及因此產生的敘事，就是我在這本書所要分享的：之前稱之為文化情結，正是在群體生活中，我所謂的文化幻影的意象和存在。藉由對社會組織、政治歷程、意識形態實踐中持續不斷變化的理解，我們可以見證自己主體性的形式，是如何改變且形塑我們在群體生活中的參與。我們因此也更能明白，在自主參與的氛圍中，我們的主體性所面臨的影響就是來自群體層面的無意識。我希望，文化情結的觀念以及它透過文化幻影的呈現，有助於群體心理進行發展的轉變，可以促動群體心理的發展與轉化。

本書脈絡

　　在本書中，我簡要地回顧了榮格的情結理論，以及這理論與文化情結理論之間的關係。我也藉由文化陰影和集體暴力、群體創傷的代間傳遞（intergenerational transmission），以及世代情結（generational complexes）造成共同社會苦難的方式等主題的研究，將文化情結的概念加以應用。這些主題全具備了一個共同之處：將歸屬、身分、認同、陰影、界線、身分政治、他者性政治，以及普世對獲得認同的追求等等這一切心理主題都和文化情結捆綁在一起。此外，透過道德結構（如好／壞、骯髒／乾淨、純淨／不純、負責／不負責等）將恐懼相對於迷戀、佔據相對於拒否（disavowal）、羞愧相對於權利、自戀相對於同理心等這些對立都加以連結起來的能力，讓這些結構得以進入集體意識的超我。我最基本的論點是，這些態度是塑造在這世界上所有運作的各種因素；然而早在意識到這一切以前，我們是將這些態度整合到我們對自我和他人的概念中，進而融入我們所處的文化。如此一來，這些態度在無意識中自行運作著，並且在我們沒有察覺的狀況下，已經決定了我們將體驗到的自己會是什麼樣子，以及與我們不同的那些人又是如何。於是，這些情結歷程就會在「掌控著心靈，而且相當不穩定」（Odajnyk，1976，頁36）的狀況下，成為個體的自我經驗（self-experience）。

然而，這些情結的起源卻是來自我們文化中某些特定的神祇；而這觀點是在於強調文化情結對我們是至關重要的。正如榮格指出的：「我們原來敬畏的諸神，其實只改變了名字：祂們現在就是各種不同的理論或主義。」（1953/1977, §326）當榮格意識到某些事件的影響力和諸神一樣強大，同樣都可以形塑好幾代的情結反應時，他因此而指出，關於持續引發我們再三釋放出相同情結反應的最初事件究竟是什麼（即使在事件早就從記憶中消失了很久以後，還是如此反應），我們意識所保留下來的記錄其實是很少的：「因為真正出現在歷史中的事件已經深埋地底下，即便每一個人都有所體驗，但卻沒有人注意到它。而它正是那最私密、最主觀的心靈體驗。」（1931/1970, §315）

　　然而，我要談的並不是對人性這一事實的哀嘆，而是要以批判的方式來探討這一切。我發現，唯有對文化情結有所覺察和分析，才能以冷靜的方式探索代間情結「最私密、最主觀的心靈經驗」，這些緊緊糾纏著個人、群體和文化／心靈歷程等等的複雜情結。如果要達到這一點，我們必須要能夠意識到文化情結已經構成了意象、行為及儀式的敘事結構，而且這些結構形成我所謂的**幻影敘事**（phantom narratives）。幻影敘事反映在人們認為已經消逝的過去，但這是「一種感覺結構，可以使人們注意到我們所謂主觀面（the subjective）必然的社會本質；這也讓人們注意到我們生活中這種此時、此刻、鮮活、積極的當代性所具有的紋理和皮膚。」（Gordon，2008，頁199）

　　在有關文化情結主題的這些探索裡，我透過理論的視窗建立起架構，來看待與團體或機構進行合作與諮詢的經驗，以及對這些

文化情結加以調節後各種形式的集體意識。我的經驗同時來自我所身處的世界；這世界各種處理差異的普遍方式，都充滿了極端的認同作用，也充斥著各種不同的意識形態，讓集體意識公然地將他人變成代罪羔羊而擺脫一切，進而使意識形態得以繼續倖存。換句話說，我們身為人類，對其他的人類還是有著相當的恐懼，對他們的存在權利還是充滿了深層的矛盾。

　　本書中的幾個章節，最初是為了在世界各地的演講而編寫；在過去十多年裡，我深深感受到大眾相當歡迎這一類榮格式的分析方式。雖然大部分的章節可以輕易地整合到我在本書想要表達的最終論述裡，但我也意識到，其中必然有一定程度的重疊與重複，特別是對文化情結的概念需要再三地加以定義，以免讓人無法理解這一切說明。我希望讀者透過閱讀而能明白，這個觀念讓我們可以藉由不同的方式來思考許多不同的領域，包括文化態度和情結的代間傳遞、集體陰影的歷程、社會的苦難，以及人類處境許多其他的干擾等等，所以寫出這樣的書是必要的。我也相信，這觀念可能會因為過度大眾化，而令人誤以為群體的歷程總是在意識層面的，因此我希望，這個風險能透過討論幻影敘事時所反覆提及的文化情結定義而得以抵銷；而且我們透過幻影敘事的這個觀念，往往會比沒有深度心理學家協助的社會學家和社會心理學家過去所做的一切，為意識歷程還帶來更多的訊息。我同時也希望我做這一切所產生的效果，能在上一世紀文化思想家已經告訴我們的基礎上，將我們目前有關於群體生活無意識部分的推斷，加以整合進來。正如精神分析師潔西卡・班傑明（Jessica Benjamin）所說的：「當我們終於明白了外在的他者其實就是獨立的、對等的主體中心時，這個他者就成

為我們的『彷若主體』（a like subject）。」（1995，頁7）換句話說，我們於榮格心理治療邁入整整第一個百年的時刻，才從自己身上了解到自身的情結，而群體情結將是下一個需要了解的對象。我相信，如果我們從自己身為分析師又是被分析者的這些歷程，好好反思有關自己情結所發生的一切體驗，那麼當群體出現同類的無意識機制、並透過隱蔽的方式來掌控我們所有看待人和事的方式時，我們這時應該如何加以辨識和同理，關於這一點，這些個體情結體驗的反思將會提供相當大的幫助。

從榮格情結理論到文化
情結理論與幻影敘事

貫穿本書的主軸，在方向上將由榮格的情結理論出發，然後穿越文化情結的整合構念，再引入幻影敘事（phantom narrative）的概念。幻影敘事是我的嘗試，透過這個嘗試，我試圖在團體的層次，經由無意識的活動，來傳達那些被賦予生命之事物——該事物以意象與活動、情感和意義來呈現。透過這條主軸的編織，我看見了榮格早期關於心靈碎片[1]的觀點，在這個觀點中，「能量，擁有著比我們有意識的意圖更多的價值。」（1934/1954，§203）在亞伯拉罕和托洛克（1994）的著作[2]裡，看得到他們在研究家庭的祕密時，提出跨世代幻影的理論；以及比昂（Wilfred Bion）的著作《比昂論團體經驗》（1961/1983）和高登（Avery Gordon）的觀點：「社會關係的聚合創造了……特定種類的主體，以及可能與不可能本身。」（2008，頁4）；在克拉丁（Richard Kradin, 2012）、格森（Samuel Gerson, 2009）及柯娜莉（Angela Connolly,

---

1　譯註：榮格早期將情結稱為「心靈碎片」（splinter psyches），他曾表示：「我們可以適度肯定情結實際上就是『心靈碎片』。它們通常源自所謂的創傷、情緒衝擊或類似的東西，因而分裂出一些心靈。」（CW8, §204）

2　譯註：尼古拉斯・亞伯拉罕（Nicolas Abraham, 1919-1975），匈牙利出生的法國精神分析家；瑪俐亞・托洛克（Mária Török, 1925-1998），匈牙利後裔的法國精神分析家。兩人合作針對精神分析理論採取了批判的獨特方法，認為使用預設概念（例如閹割、對母親的渴望等）可能會限制與個人經歷框架相關的個人動機。他們從佛洛伊德的主張開始，但納入費倫齊（Sándor Ferenczi）的理論，並將這兩者的理論加以延伸；其中有進一步的「寄生包含」（a parasitic inclusion）概念，是由費倫齊定義的「內攝」（introjection，將他人的想法或態度無意識地併入自我的認知中）來加以擴展。他們也討論了家庭祕密如何從一代傳給下一代（幻影理論）、因對失去的親人感覺羞恥的力比多衝動而無法哀悼（哀悼障礙〔mourning disorder〕）、與另一人的祕密認同（合併〔incorporation〕），以及埋葬不可接受的經歷等等，特別是由創傷造成的幻影如何在代間傳遞。他們使用「一無所知」（nescience）來描述幻影效應，指的是創傷之處的知識是空白的。兩人的「幻影」論述可說是徹底地對佛洛伊德及其學派在精神病理學的理論中，重新找到定位，因為這裡的症狀不是來自個人的生活經歷，而是他人的心理衝突、創傷或祕密。

2011）的著作中則可以看到，近年來討論團體的主張如何作用在個人身上的一些嘗試。儘管這些臨床工作者並沒有直接談及團體或團體原型層次的無意識，但是在他們的著作中，以及他們在家庭、手足、組織或文化中所展現的團體經驗，皆為個人與團體意識發展的進一步探索，提供了強而有力的脈絡（Coleman, 1995）。

以榮格的情結理論開始，我將這一軸線編入文化情結中，並試圖在團體和文化層面上，進一步闡述無意識的動力，希望這有助於我們的理解。我更將重點放在團體，看看團體是如何為我們的歸屬感、身分同一性（認同作用）和如何獲得認可，提供了相應的脈絡。此外，我也將著眼於我們對於歸屬、身分（認同）及認可這些特有的需求，並將這些視為是我們多種的文化情結所組成，看看它們是如何透過陰影的動力而表現為文化的衝突，同時也產生了社會的受苦。

接下來，我會簡短回顧榮格有關情結的理論，以及透過文化情結將榮格的理論應用到團體的無意識概念上；隨後，我會介紹幻影敘事的概念，並在本書所有章節中，更詳盡地探討這三個概念。

榮格的情結理論

在一九〇六年的一篇論文裡，榮格詳盡敘述了他自己發展出的字詞聯想測驗（Word Association tests）所做的實驗程序。在這個過程中，他檢驗了「受試者的反應（時間），想了解他們是否遵循著某種規律原則；看看這過程是否會出現個別的反應模式，亦即，是否可以找到任何確定的反應類型。」（1973/1990, §2）榮格

注意到，受試者對實驗任務的反應（當腦海一出現事物就反應出來的想法）會有中斷的情形。受試者的反應往往不是「同等的平滑」，就是反應「間隔的時間變長」，或是出現了「阻礙、滑動」等等。進一步檢視這些反應，榮格將字詞聯想的刺激反應應有的連續性所出現的中斷視為「個人問題」，也就是說，他發現這些中斷是一種象徵情境，讓受試者困擾，或讓受試者顯示出某些有問題的心靈內容。他使用「情結」一詞來稱呼這些反應，「因為這種『個人問題』，總是由各種不同想法的集結，透過共同的情緒基調而結合在一起。」（1973/1990, §1350）他指出，受試者想對字詞做出快速、正確反應的意圖時，卻受到某種東西干擾了。透過字詞聯想測驗的運用，他一次又一次地發現，依據簡單的指令對某個刺激字詞有所反應時，心靈自動化的行為會干擾個案的意識。受試者是透過對這個任務有所啟動的態度來進行實驗任務，而榮格認為這點會促使受試者依自己個人的理解來執行實驗任務。榮格認為這就是同化作用（assimilation）。換句話說，實驗的任務由原來的客觀變為（由情結所組成的）主觀。實驗的結果顯示，這種干擾是源自於「情感元素數值」（the value of the affective element），這也就是榮格所定義的情結。「因此，情結必定是一種心靈因素，如果用能量來說明，它所擁有的數值，有時候是超過我們意識的意圖。」（1934, §200）「而且，如果能夠穿入它們的本質越深，甚至是深入它們的生物層面，越能清楚地揭露出它們身為心靈碎片的特質。」（1934, §203）在文章的後段他表示：「普世對靈性的信念，是無意識裡的情結結構的直接表達。而情結，事實上就活生生地存在於無意識心靈之中。」（1934, §210）日後許多年，情結概

念的發展，成為分析心理學裡，針對個體心靈在個人的和集體層面所表達的無意識動力相關的理解上，奠定了基礎。

因此，情結理論成為榮格對精神分析這個科學的第一個原創貢獻。雖然實驗一開始的目的，是要確定對各種刺激字詞的平均反應速度，但他後來使用了匯聚（constellation）這個詞，來形容辨識到的那股對外在情境所釋放出來的現象：

心靈歷程中，某些內容開始聚集，準備要付諸行動了。當我們說一個人已經「匯聚」的時候，意味著他已經就定位；從這個定位上，可以預期他會以適當且明確的方式來加以反應。但是情結週遭的匯聚是一種自動化的歷程，會不由自主地發生，而且是沒有人能夠主動阻止它發生。（1934, §94, 198）

總而言之，透過字詞聯想測驗，榮格（1934）發現「外在情境會引發心靈的匯聚」（§198），「舉止是自動化的，表達出某種心靈狀態的意象，且該狀態在情緒上的感受十分強烈，與意識上所習慣的態度更是不相容的。」（§196,201）「這是具有內在凝聚力的」（§201），但同時又是解離的（§202），在意識領域中「舉止如同一個活起來的外來物體」（§201），表明了「沒有任何心靈歷程和生命歷程是孤立的」（§197）。榮格至少辨別出無意識四個部分的功能作用——自動化、可解離、情緒啟動（情結匯聚），以及「某種心靈狀態」的意象（§201）——是情結反應的元素。在個人的層次上，情結傾向於既可以表達更深度的心靈功能作用，也可以表達早年的發展／家庭關係。「如今大家都知道人的內心是『擁有

情結』的，然而還不太為人所知。但在理論上更重要的是，情結能夠『擁有我們』。」（1934, §200）

文化情結：簡短的歷史介紹與回顧

第一次開始思考並建立了文化情結的概念，是我成為榮格分析候選人的時候；但身為一名非裔美國人，我在我所成長的文化環境中發現，種種的群體和家庭生活對我有著強而有力的影響。我身為個體的整個發展與群體有錯綜複雜的關係，這不僅與自己參與其中的群體（學校、教會等等）意識的理解有關，也與其他群體對我所指的群體（白人對黑人）的態度有關，以及做為一個群體如何處理更廣泛的社會中所充滿歧視和不公義的對待而帶來的挑戰有關。因此，我長期以來一直關注諸如此類的差異上，包括人權和公民權利上的不公正和不平等，而這些問題的根源又是來自受教育的機會、合適的住所、可負擔得起的醫療保健，以及經濟機會的差異性。透過我所接受的心理學家和精神分析師的訓練，我深化了我的嘗試，也就是試圖將心靈的角色，帶進這一切圍繞著差異和對認可有基本需求的相關對話中。有關文化情結的研究，對我而言是十分關鍵的，特別是在我思考以下這點——意識在群體的層面是如何發展，以及群體的自我意識又是如何發展時，並藉此來理解自身的情緒和心理發展歷程。

然而，我也想邀請讀者理解，我是如何更具體地利用身為黑人的經驗來定義文化情結和幻影敘事，並從心理學開始思考文化情結和幻影敘事這些迫切的問題。這些在社會上不被看到、無名、邊緣

化、無力及無根等基本議題，是我們所有人都面臨的存在議題。當這些問題與階級、種族歧視、性別及民族性融合在一起時，差異心理學[3] 就會隨之而生，因為群體的生存此時似乎岌岌可危了。說明這一切的另一種方法是，文化情結是群體生活中等同無意識動力的表達方式。所有的群體和個體對這些歷程的影響都是不可或免的。

在這部分的個人介紹之後，現在讓我來談談一個重要的夢境，而這也是接受培訓的人們經常做的夢：為了獲得最終的榮格分析師資格，許多與他們自己在分析學院會員資格有關的夢，會不斷地出現在候選人階段。在我參加舊金山分析學院招生面試的前一天晚上，出現了第一個夢，我發現自己等待著（分析學院的）招生委員會叫我的名字，要我面試。我和其他幾個黑人坐在一座像清真寺的地方裡，他們都穿著黑色西裝。招生委員會的其中一個人叫了我的名字。我站起身，正要離開等候的房間時，幾個黑人擋住了門。他們說，除非我能向他們展現我們的祕密握手禮，否則他們不會讓我通過。我向他們展現了這個祕密的握手方式，讓他們知道我永遠不會忘記他們。

很顯然的，這個夢的主題是關於我需要以黑人式的握手，來表達在我投入榮格分析訓練個人旅程的強烈承諾之際，我能釐清離開何種群體認同一事，是多麼地重要，而這一切想必會教我如何掌握

3　譯註：差異心理學（psychology of differences），是處理個體和群體行為差異的心理學。根據達爾文與高爾頓（Sir Francis Galton）的研究顯示，個人和群體的差異都是定量而不是定性的。人不會落入鮮明和沉悶、失調和正常、內向和外向等截然不同的類型；相反地，在所有的心理特徵中，個體隨程度而有變化。行為特徵的個別差異從單細胞生物到類人猿的動物行為皆能觀察得到，這揭示了在學習、動機、情感和其他特徵方面的廣泛個體差異。這些差異是如此之大，以至於即使在極為不同的物種之間，也會有類似的差異。

與培養個體化的歷程。因為這個的緣故，我需要對團體的成員保證我對團體認同的持續忠誠。如今我認為這個夢是在預示，身為一位榮格分析師，我必須持續關注個體歷程的內在心靈和原型基礎，也必須關注群體的內在心靈和原型基礎。由於榮格學派的傳統傾向於將文化和群體歷程視為個體發展的外來結合，文化對於個體化的重要性往往因而被忽視。依據夢裡我對黑人夥伴的承諾，在進入分析訓練的過程中，我的個人發展和臨床發展必將有所差異。我終將明白，文化議題的工作和個體化是密切相關的。這個承諾是我透過握手所作出的，這動作意味著我不會忘記這個群體。因此，血緣關係（kinship）和忠誠議題、權力的動力、壓迫及罪疚感，也就留在我的腦海中，成為分析訓練的背景。這些是我永遠不會忘記的一切，也與我決定投入的分析領域，有著錯綜複雜、不可分離的關聯。事實上，在後來接受的訓練中，我經常注意到我的老師常常將文化無意識和集體無意識混為一談。在我的培訓經驗中，無意識中所包含的文化意符（signifiers）往往沒有被談論到。我的結論是，在這些訓練師中，涵蓋著文化歷程相關聯的無意識層面，而這種情況呈現於不被看見（invisibility）[4] 的情結中（Kimbles, 1998）；而在這情

4　譯註：這裡的 invisibility 之所以譯為「不被看見」，有參考 *Invisible Man* 這部作品的背景，該作品一般譯為《看不見的人》或《隱形人》，但在 *Invisible Man* 這本書中，我觀察到作者發現於白人為主的世界中，黑人的存在是「視而不見」的，因此我將 *Invisible Man* 翻譯成《不被看見的人》。

《不被看見的人》作者拉爾夫·艾里森（Ralph Waldo Ellison, 1913-1994）是非裔美國人類學者和作家，哈林文藝復興（Harlem Renaissance）的代表人物之一。這書於一九五二年出版，次年獲得美國國家圖書獎，其中討論了二十世紀初非裔美國人面臨的許多社會和知識問題，包括黑人民族主義、黑人身分與馬克思主義的關係、改革派的種族政策，以及個人的身分問題。一般而言，invisible 這個字在非裔美國人的世界裡不只是隱形，甚至可以說白人對他們的存在是「視若無睹」的。

結中，不僅僅是受到文化投射而遭非人化的人的事實是不被看到的，同樣地，相關情結的本質也無法讓執行情結的這些人看到。現在，我會稱這種情結為「幻影」。

然而，我正是在〈文化情結和不被看到的神話〉（The Cultural Complex and the Myth of Invisibility）這篇文章中，才開始更清楚地定義我所談論的文化情結（2000）。在那一章節所描述的許多觀點，已持續構成新建立之文化情結的理論框架。這些基本概念為：

- 文化情結的運作，是透過群體的期待、群體對自身的定義、群體的命運，以及群體對自身獨特性的感受。且這些運作亦是經由群體的恐懼、群體的敵人們，以及面對其他群體的態度來進行的。
- 文化情結是動態的關係系統，透過個人經驗和群體期待的連結而出現歸屬感和認同等的基本需求，因為這些連結是經由種族、族群、宗教、及性別歷程等等來調節的。
- 文化情結會對差異性的覺知加以侷限，也可能加以強化，也就是強調對群體的認同合一，或加以區別，因此可以產生對群體的歸屬感或疏離感。
- 文化情結讓我們在心理上能與文化因素連結起來，這些文化因素超越個體，但與個體的自我感交織在一起。
- 文化情結是心靈敘說它自己與其他群體關係的一種方式。

這些年，我更具體地定義了文化情結（2000, 2004a, 2004b）。

後來，我和我的同事湯瑪士・辛格（Thomas Singers）[5]收集了分析師在邀使用文化情結這一概念後的一些意見（見 Singers & Kimbles，2000，2004a，2004b；Kimbles，2006，2007，2008）。湯瑪士和我共同合作了多場演講，我也在這些演講中感受到文化情結概念的力量，以及我們在這個研究領域的前輩約瑟夫・韓德森（Joseph Henderson, 1990）[6]所謂「文化無意識」的現實。

　　這一理論的建構模組是由不同的理論線索，透過許多分析來源加以匯聚所組成的；其中，線索來自榮格的情結理論和韓德森的文化無意識概念。榮格的情結理論是他對深度心理學第一個原創的貢獻；在某個時期，這個理論讓他在無意識探索這一領域的工作上，與佛洛伊德的精神分析並肩而行，因為這為佛洛伊德所主張的被潛抑的願望、恐懼及衝突等理論提供了實驗證據。佛洛伊德甚至因此採用了情結一詞，來描述他認為普世存在的伊底帕斯願望、恐懼及衝突。在榮格離開了以探索佛洛伊德理論概念為使命的精神分

5　譯註：湯瑪士・辛格（Thomas Singers），暱稱為湯瑪・辛格（Tom Singer），是在舊金山灣區執業的精神科醫生和榮格精神分析師，曾經在二〇一五年來台灣講學。他是約瑟夫 韓德森（Joseph Henderson）的學生，在很多方面可以說是本書作者的師兄，積極在榮格的理論體系裡建立並提倡文化情結，撰寫和編輯了許多書籍，包括《文化情結在中國、日本、韓國和台灣》（*Cultural Complexes in China, Japan, Korea, and Taiwan*）。他目前擔任 Spring Book Publications 分析心理學和當代文化系列的系列編輯，也是原型象徵主義研究資料庫（ARAS, Archive for Research in Archetypal Symbolism）的董事之一。

6　譯註：約瑟夫・亨德森（Joseph Lewis Henderson, 1903-2007）是美國醫生和榮格心理學家，素有「美國分析心理學家的院長」之稱。一九四三年他與約瑟夫・惠爾萊特聯合創始舊金山分析心理學醫學會，是舊金山榮格研究中心的前身。他的夫人是達爾文的外孫女；於一百零二歲時仍繼續私人執業。去世時，享年一百零四歲，是「第一代榮格分析師中最後一個與榮格進行初步分析的人」。在學術上，他貢獻繁多，包括應榮格邀請，在《人及其象徵》中負責第二章〈古代神話與現代人〉，以及他所提出來的文化無意識，成為個人無意識和集體無意識之間重要的過渡階段等等。

析組織後，佛洛伊德說道，情結這個觀念對精神分析來說並不是必要的詞彙，因而情結的運用大部分被精神分析所屬的機關組織拋棄了。另一方面，包括榮格在內的蘇黎世精神分析分支，繼續以全新的分析心理學學派發展，主要的使命就是持續探索榮格所謂的情結心理學。許多情結也因而被發現與已經命名的伊底帕斯情結是相似的，都有著原型核心，其內容和風格上都相當的神話性。但是，就我們的目的而言，重點在於記得榮格還沒有構成原型的概念之前，他就以情結一詞來描述這些充滿情緒色彩的主題和想法，會環環相扣地成群而來，而且是以內在連結的模式來進行的。因此，情結是人類內在自然產生的元素，構成了個體對諸如身體、衰老、死亡等生物先天組成的反應，以及對家庭、部落與更廣泛社群系統中的人際關係反應。儘管文化在情結的形成中扮演著清晰明瞭的角色，榮格卻從未將情結有系統地應用於群體或集體的生活中。反之，榮格將他的注意力聚焦於闡述他所謂的個人無意識與集體無意識之間的關係：在個人無意識中，情結是源自於個人的經驗；而集體無意識中，情結能反映出更普遍的人類議題，他就這一點選擇了原型（archetypal）這一詞來描述情結，這看起來是相當生動貼切的。然而，透過這樣的方式，榮格卻繞過了人類群體的重要性，造成人們對群體無意識在理論上持續原有的不信任。這樣的情況下，建立起來的是個體對原型的關聯，而不是透過群體的詮釋來想想在個體和原型這兩邊分別是怎麼了。

與此同時，榮格透過大量引用對文化有重要影響的文化資源，包括文學、哲學及宗教等等的文本，來擴大他原型議題的含義，這些引用包括了基督教教會的神父牧師們、歌德之類的文學巨擘、

《哲人玫瑰園》這類的煉金術專著,以及在東方具有影響力的人物和文本,例如孔子《論語》、老子《道德經》以及《易經》等。分析心理學和文化的關係因此變得相當廣泛,然而也因此有所矛盾,因為文化被用來擴大那些被認為本質上是人類心靈原型的想法,而不是從可能是由文化所衍生出來的這些情結所造成的結果。

然而,如果我們明白榮格的重點是以文化素材來擴大原型,就能夠梳理出榮格的文化理論中交織著三種文化意識的線索:首先,榮格對於歐洲中心主義的、理性主義的態度是如何讓許多西方人疏遠了他們原初的、本能的根源,是有著一定的敏感度的。其次,對於這些他認為棲息於集體無意識中的主題,是如何在意識分化的層面加以形成觀念的,關於這一點,他提出了一系列的假設,而這些假設往往隱含了西方意識態度和價值觀的優先特權,因此在某種程度上貶抑了許多其他的傳統文化。第三,集體無意識概念(在下一段會加以定義)的定義方式,阻止了文化基質(matrix)對個人和原型層面的解釋扮演充分的角色,然而這些層面在他看來,對個體化卻又是至關重要的。換句話說,他覺察到不同的群體之間存在著不同程度的意識,但他並不希望群體對於個體如何與原型互動有任何的最終發言權,甚至忽視個體的需要,也就是讓個體必須接受他們所屬的團體來形塑他們的原型經驗。

直到一九六〇年代初期,約瑟夫‧韓德森引入了文化無意識的概念,分析心理學才有更為中立的方式來概念化存在於我們所有人心靈中,那個介於個人和原型之間的中間領域(intermediate area),而這個中間領域構成了我們身為人的許多經驗,形成了我們被教導而成為人的模樣;我們的群體經驗讓我們或多或少在無意

文化幽靈:歷史已經看不見的傷,為什麼還是我們生活中的幽靈?

識層面接受了這些情結的假設。韓德森（1990）將文化無意識定義為「位於集體無意識和文化顯性模式之間的歷史記憶區域」（頁103）。這可能同時包涵了意識和無意識兩邊的模式，但擁有某種來自集體無意識原型的認同，這一點將有助於神話和儀式的形成，也會促進個體內在的發展歷程（Henderson, 1990）。韓德森將這樣的無意識定位在群體的層次上，並認為可以為這層次的歷史延續性提供一個空間。這空間是介於兩種歷史之間的：一個是長期被遺忘、可能基於各種意圖和目的成為原型層次的文化歷史；另一個似乎僅存在於個人，在文化層面的訊息除了當代的就沒有太多了，相對來說就是近期歷史。而這空間就是這兩種歷史之間活生生的延續性。

　　儘管韓德森提出了文化無意識的看法，卻從未將情結的概念應用於文化無意識組織的方式，因此讓這個假設幾乎不存在任何推動的力量。關於過去、現在及未來如何提供歷史連續性所需的動力，以及文化無意識如何構成的歷程，都只能留給後繼的分析心理學家繼續探索了。

　　因此，文化情結的概念開始讓人們感受到將概念統一的必要，以提供給那些想要更有系統探索文化無意識的分析心理學家。將無意識的文化假設和文化行為，視為基於情結的解決之道，可對心理功能中個人層次和原型層次的對立加以重新調整，進而為群體層次的運作因素提供一種動態的處理方式，而這些因素將會以文化歷程和文化產物的方式來呈現。這讓我們有機會了解團體生活的特殊面向，以及這一切的操作方式如何讓文化變得也許更好或更糟，無論是在個人或集體的無意識裡。

多年來，我一直致力於探索這種組織概念的含義（從一九九八年起迄今），並已在三個不同的領域應用我於這裡所假設的文化情結概念：第一，在群體的層次上觀察代間歷程；其次，在群體的層次檢驗集體陰影的歷程；第三，在社會苦難（suffering）的產生中觀察文化情結所扮演的角色。在這一本書裡，有一章是討論如何將文化情結的理論應用到這三個領域。我在這裡簡單地提一下，最後這個領域，我發現，透過將焦點放在社會苦難（因團體情結所引發；團體情結涉及特定的族群、性別或性傾向群體可能的自卑），我能夠採取深度心理學的角度來深入研究政治、經濟及合法性等歧視所帶來的衝擊。在個體的心理生活中，我透過揭露其中的集體陰影和代間動力所帶來的投射與內攝做到這一點，就如同夢境所反映的那樣。但是群體情結在所有領域對社會歷程的影響，都是透過社會知覺、文化功能，以及個體啟動之角色等等的創造來達成的。我和其他的榮格分析師已揭顯（且通常極精細地揭顯）這些情結的結構，是如何讓人們本能般地面對生活的一切議題，包括從醫療保健到宗教等這一切範疇的各種議題；人們又是如何定義出造成苦難的那些體制的和經濟的諸多力量，而就是這些力量形塑了苦難，也形塑了我們在現今的生活中如何找到減緩苦難的機會。

比昂的團體理論，以及他與文化情結理論的關係

文化情結的活化，代表著情緒的歷程已經被轉化為團體和個人的歷程和形塑，而這些歷程和形塑是由關於差異和相似的恐懼

文化幽靈：歷史已經看不見的傷，為什麼還是我們生活中的幽靈？

與焦慮所構成的。比昂[7]在著作《比昂論團體經驗》（1961/1983）一書中，對人們在群體中的心理現象看來是表達了類似的態度；而這是來自他在一九四〇年代後期，在倫敦塔維斯托克中心（Tavistock Clinic）舉辦的克萊恩取向治療團體的設置中，所進行的第一批研究。他將團體中所體會到的加以編纂，成為一本影響日後甚遠的著作。他省思治療團體中無意識層次的基本假設（Basic Assumptions）明顯的呈現（他辨識出有三種：治療團體的聚會目的，在於制定戰鬥或逃跑的計劃、在於創造配對的機會，或在於依賴的提升）。他注意到，如果其中一種假設提升了，會「抑制另外兩種基本假設的顯性活動」（1961／1983，頁102）。接著，他問了一個對我來說十分有趣的問題：無法運作的另外那兩種基本假設會如何呢？

為了解釋這兩種（有效的基本假設和其他假設之間）的連繫，同時解釋未運作的基本假設的命運，我提出「原始心智」（proto-mental）現象的存在。……我想像的原始心智系統在生理和心理或心智上都是未分化的。這是一種基質（matrix），從這基質中起初出現的現象……。正是從這個基質中流出、基本假設特有的情緒流動加強、擴散，有時甚至還會支配這個團體的心智生活。（《比昂

7　譯註：威爾弗雷德‧比昂（Wilfred Ruprecht Bion, 1897-1979），英國精神分析學家、群體動力學研究的先驅，師從梅蘭妮‧克萊恩，並接受其分析，被尊為後克萊恩大師。嚴格來看，他對精神分析理論的貢獻，和他的老師一樣偉大，其中之一是有關團體的無意識。他生於印度，八歲回到英國；第一次世界大戰期間，服役於法國，擔任坦克車指揮官，後獲頒卓越服務勳章及榮譽勳位。這個服役經驗影響了他加入塔維斯托克小組後，所發展出來的有關團體的精神分析理論。

論團體經驗》〔心靈工坊〕，頁 105、106）

　　比昂的「原始心智系統」正是我的理論根源，根據這一點，我主張幻影敘事構成了文化情結所表達的心智活動之脈絡。「原始心智系統」為我所介紹的戲劇性用語「幻影敘事」，提供了一種普遍的、抽象的理解。我認為比昂已經意識到在群體無意識層次上的某種活動，反映了群體行為的先驅心理學家庫爾特・勒溫（Kurt Lewin）所理解的「場域」（field）一詞。當比昂（1961/1983）說：「當三種基本假設中，其中之一是積極活躍的，並且表達出情緒強度時，另外兩種未表達的，構成了情緒背景。」（頁102）[8]，他的話語中充滿著原型情緒的場域現象。這種場域就是原始心智基質，對一個群體將成為什麼，以及其將浮現的基本假設提供了框架。這是無意識在團體層次上特定的表現，對不同的個體在團體中所呈現的效價[9]有很大的影響，這也是假設個體對吸引或排斥事物的反應應該出現的力量。他們會假設個人的感受相當程度上受到了社會的影響，因為這些感受本身的力量，是源自於還沒有被意識到、但同樣強大的文化背景。治療性團體工作所帶來的寶貴一課在於，這種對原始心智動力的覺察具有為一種不同的、更有意識的工作方式，可釋放出其中情緒能量的潛能，團體因此能在這樣的

8　譯註：《比昂論團體經驗》找不到此段，但該書頁 100-104 描述與此相近的概念。又，作者對比昂這本書的引文稍有修改，本段翻譯主要是參考心靈工坊出版的《比昂論團體經驗》（2019）。

9　譯註：效價（valence），比昂的術語，意味著對他人的投射加以內化、共謀和回應的傾向強度。這是個人在群體中反覆扮演類似的非正式角色的傾向，並取決於一個人的客體關係和社會身分／認同。

工作方式中，成為為文化帶來正向改變的媒介。比昂對於接受了這種假設並有意識地追尋這假設的團體稱為「基本工作團體」（basic work group）。

後來比昂（1961/1983）假設情緒狀態是先於基本假設，並且遵循某些原始心智現象，而情緒狀態則是這種心智現象的表現：「有時候便捷地去想，基本假設是由有意識表達的思想而活化的，而在其他時候則是受到強烈激動的情緒，即原始心智活動的結果所激發。」（《比昂論團體經驗》〔心靈工坊〕，頁 105）他藉著以下這段話來總結：

在我看來，原始心智事件的範圍不能以單獨參考個人來理解，而原始心智事件動力的可理解研究領域是在團體聚集的個人。個人的原始心智階段只是原始心智系統的一部分，因為原始心智現象是團體的一個功能，因此必須在團體中進行研究。（《比昂論團體經驗》〔心靈工坊〕，頁 107）

比昂在此指出了我的一個基本觀點：文化情結不能僅僅由個人的心理功能作用來理解。文化情結是團體層次的現象，而且永遠是團體和個體兩者皆有的表現，也是動力的表現。

當活躍或激活起來以後，我們將原來已經內化的那些加以活現，然後透過我們的基本假設來加以表達，也就是說，我們認清並「了解」我們在社會秩序中所處的位置、我們在這秩序中的能動性是如何運行的、性別和性在這裡意味著什麼，以及一個人外表的重要性（Flatley, 2008）。或者用博拉斯（Christopher Bollas, 1987）的

話來說，我們根據我們「未經思考的已知」（unthought knowns）來採取行動，這是另一種可用來描述最強大無意識動力所產生諸多動機的方式，而這些動機也是文化情結的意識形態核心。

榮格在〈論心靈能量〉（On Psychic Energy, 1928）論文中，推測了他所謂「力比多的挖通」（canalization of libido）（§79）：「我的意思是，將心靈強度或價值由一種內容轉移至另一種內容中，這是與能量的物理轉化相對應的歷程。」因此，「當我們將自然留給大自然她自己時，能量就會沿著她自然『梯度』的線來進行轉化。」（§80）自然現象就是依循這個方式產生，但並非如此「起作用」。

比昂和榮格兩人都很重視如何讓心靈能量為工作（比昂）或意識（榮格）所用，好用來抵抗在個體和團體中本能因素所造成的拉力，例如，以特定的形式、模樣或秩序（也就是團體的基本假設（比昂）或個體的情結（榮格））所表現出來的原始心智歷程（比昂），或集體無意識之原型（榮格）。

所謂文化情結，正如比昂所謂的「原始心智」，是在團體層面表達出情緒效價的內隱形構（implicit formations）。從榮格學派理論的觀點來看，文化情結是在文化無意識的層次上表現出原型組織的活動，並形塑出各種情緒歷程，再由這些情緒歷程形塑出團體生活的集體信念。原型活動決定了某些模式，而我們對生活的體驗是依據這些模式的。這些模式在團體的層次上，圍繞著歸屬感的本能需求而出現，並且透過推動認可的同一作用來獲得身分認同。從原型的觀點來看，文化情結代表了圍繞著相同和差異的特定心理表徵（意象）。這些是文化情結的核心部分。陰影的部分則是以威脅與

　　文化幽靈：歷史已經看不見的傷，為什麼還是我們生活中的幽靈？

／或否認他人的方式所產生的差異。

由於精神官能症在大多數情況下並非只是個人問題，同時也是一種社會現象，因此我們必須假設，原型在這些情況中也會匯聚一起。而與情境相應的原型於是活化，導致了那些隱藏在原型裡具有爆炸性和危險性的力量開始運作，而這往往帶來無法預測的後果。（Jung, 1954/1968, §98）

從潛能上來說，如果增加了對文化情結的覺察，能讓我們在面對更廣泛的社會情境時，更能意識到自己的主觀反應；在這樣的社會情境中，我們既是其中的一部分，也是參與者。這些幻影敘事是過去數個世代所傳承下來的，也是直覺告訴我們，這些幻影敘事對當今世代也是同樣重要，我們永遠都是這些幻影敘事的同謀。因此，我們的主體性總是比我們所認為的還更能適應文化情結，而不是像我們所希望的那樣，在當前自由地投入每一個新世代的努力中，重新思考過去，並拋棄那些不起作用的事物。因此，與我們文化的幻影敘事的同調工作（attunement），既是關係性的，也是主體間的，而且在我們的世代中非常普遍。如果我們能意識到這種與自我延續下來的過去是相當調和的，就能將文化傳統視為一種潛在空間（potential space）、一個可能完成轉化的過渡性政治舞台。如果由這個角度來看，文化理念的市場，包括市場本身，展現了無意識主體性的多重性，有著各種不同、且相互競爭的動機和可能性（與此同時，我們活出文化的理念，並身在經濟神話中，這裡頭充滿了過去對資本主義和共產主義是如何或將如何的幻影敘事）；在

很大程度上，這些尋求浮上意識的能量尚未開發，但仍然潛存著相當的可利用性。

在本書中，我對文化情結的概念加以發展與應用，用來檢驗內隱無意識的結構歷程，而這些歷程涉及了文化態度的代間傳遞，尤其這些歷程是透過深具說服力的無意識故事或幻影敘事來進行的。在我所做的努力裡，我試圖將文化情結的理論放到更廣泛的社會科學領域中，一方面包括了團體生活的精神分析理論（這是以佛洛伊德和比昂為開頭），另一方面則是亞伯拉罕和托洛克等的當代研究作為結束。此外，我也會闡述這些洞見對榮格心理學的啟示。

在過去的十年中，社會發生了很多變化，讓人們對群體生活的理解變得更加透明，尤其是社群媒體所帶來的影響，讓我們能立即得知來自世界各地的變化和生活。但是，這種覺察在我們現在所處的複雜生活圈中，是否可以揭露或具體化我們想「追隨潮流」背後的這些團體情結呢？新的千禧世代意識，重新提出了關於群體在創造思考空間時所帶來的影響，以及團體情結因而如何在群體層次上，塑造我們對於無意識現實的思考與處理方式。

最後，我將精神分析和榮格分析等等的訓練學院，作為描述設置和組織中存在著團體情結的最佳例子，儘管這些組織有幸能覺察到無意識和文化情結角色，以及它們在所見、所推論上有一定的形塑作用，然而繞了一大圈還是回到一個問題上：如果群體沒有檢視自身的團體情結，有任何團體真的可以瞭解它們自己嗎？

相較以往相關的著作，本書將更充分揭顯文化情結是如何與社會的、制度的及個人的歷程加以連結起來，其中有許多涉及到各種相當複雜、相當貼近，也十分覺察的團體意識，並在團體的層面

上展現出令人出乎意料的無意識動力。這本書就是要展現出文化情結的理論，是如何為我們提供追蹤團體無意識動力的方式。本書也會揭露文化情結在這些有情結流動的更大群體中，如何透過諸多角色、功能及次團體來進行運作與展現。在潛在的可能性上，理解一個文化情結如何產生群體動力，將能使群體中的個體對文化情結正在呈現的徵兆做出反應，並且加以利用。我也將舉例說明，那些意識到文化情結存在的個體，是如何改變他們與文化空間和情境的關係，因而得以從創造出他們的制度和文化力量中脫離出來。「透過對這些連結（的理解），個體才不會變得孤立，也不會去個性化或被制度化，而是成為公民：在詮釋自己的經驗時，可以覺察並處理自己所處的社會情境。」（Shapiro & Carr，1991，頁 172）。韓德森（1990）在解釋他所謂「社會態度」的動力時，預測了分析心理學中將會有這一部分的發展：

偶爾有人會說，深度分析以犧牲個體的社會適應能力，來促進個體的自主性。在政治的領域，這種說法往往是事實。在任何自我發現歷程的初始階段，無可避免地會出現個人主義，甚至是自私的階段，這樣才能打破一個人對出生階級的原初身分，或者那種我們無從意識到的家庭身分。然而，如果首次與傳統決裂的個人主義變得僵化，隨之而來的自戀怪癖將會妨礙個體發展出真正的社會態度。在夠長的分析中可以看到的心理發展，讓我確信在個體化歷程裡，必然會有個時間點來重新接受生命的社會面向。這個和先前在無意識層面對某類信念系統的認同是不一樣的，這是因應個體的需求而產生的。

文化情結產生自文化無意識，因為它們與原型和個人領域，以及學校、社群、媒體及其他所有形式的文化和群體生活等，這一切更廣泛之外在世界的領域有交互作用。文化無意識指的是，介於心靈原型層次和個人層次之間的中間心靈層次。雖然各種群體有許多不同的結構（例如學校、教會、軍隊、兄弟會、機構等等），但它們的基本動力（用比昂的話來說就是它們的基本假設，而用榮格的話就是它們的情結）是活躍的。在某種程度上，正如比昂在團體工作中帶進了觀察方法一樣，我也希望將文化情結當作思考大群體情緒生活的方式，包括族群、種族、階級、性別或是制度。就如同比昂的基本假設和工作團體一樣，文化情結讓我們可以從群體的外源（模式和結構）和主體間性來好好理解群體。

在人類的發展中，團體的構成也具有內化或個人的部分。運用文化情結的概念，可能讓我們更容易看到非理性的、強而有力的關係需求的內在角色；這些需求匯聚在一起並圍繞著歸屬和認同感需求的四周，亦圍繞在推動個體自性發展和群體功能運作的動力周圍。然而，無論是在外在還是內的群體，在個體和群體成員的心智中，往往會出現無法解決的問題、長期衝突及僵化的立場，因為在成員們的社會和個人形式中存在著（個人和團體的）情結。

我借鑒榮格對情結的原創研究和構想，將情結的概念應用各種團體（不論大小）的理解上。將情結理論應用於心靈的文化層次，無論是在群體中，或是在個人心靈於團體層次的呈現，都顯示出了情結在個人層次的運作所有的特質。它們在所運作的各種根深柢固之信念和情感裡表現出來，並於群體生活中運作，是擁有自主性的，同時呈現出能量場域（共鳴場域），為群體生活中的活動、

儀式及意識形態提供了核心。情結可以（也確實）存在於個人和整個群體中，正如在性別歧視、種族主義及種族滅絕暴力中所看到的一切。它們可以（也確實）在個人和團體層次上，造成了人類的苦痛。

有了文化情結這概念的加入，為無意識的功能在群體運作層次上開啟了四個重要的視角：

- 第一，文化情結讓我們理解，情緒、信念及意象究竟是如何在群體層次上運作，進而組織出群體現象。
- 第二，這一個觀點讓我們既可以理解個人與群體的關係，也就是他或她的態度，也可以理解群體是如何在個人內在運作。群體的存在不僅是外在的情境，它內在鮮活的心靈現實也為個人和群體匯聚了一種心靈情境。
- 第三，透過對群體情結的關注，我們可能可以與心靈的自主性建立更好的關係，因為心靈的自主性會以集體的神話、意識形態、儀式、意象及主題等等方式，在個人和文化層次上將自己表現出來。
- 第四，群體成為可以理解的領域，無論是透過社會學、政治學、人類學、組織發展，或精神分析的視角來理解。

以下引用自比昂（1961/1983）：

無論在時間和空間上是多麼孤立，沒有人可以被視為在團體之外或欠缺團體心理的積極表現……。接受人類是群體動物的想法將

會解決看似矛盾的難題，即團體不僅僅是其成員的總和。這個現象的解釋必須在團體的基質之下來思考，而非僅在組成群體的個人中尋求。（《比昂論團體經驗》〔心靈工坊〕，頁 134）

看不見卻在場的幻影
敘事──背景介紹

為了闡述榮格對幻影敘事的貢獻，我從榮格的博士論文〈論所謂靈異現象的心理學與病理學〉（On the Psychology and Pathology of So-called Occult Phenomena）（1902/1970）中，挑選了一些主題和意象，主要是因為這篇文章為他後來某些最重要的觀念奠定了基礎，其中包括了次人格（自主情結，也就是無意識的感知是如何在意象和擬人化的形成過程中得以重現）、自主的心靈、將意象和幻覺視為潛在療癒工作的觀念，以及神話界理論等等。整個十九世紀見證了「唯靈論（spiritualism）[1]的誕生，同時見證其席捲了歐洲和非洲。透過唯靈論，如恍惚狀態（trances）所孕育出來的恍惚囈語（trance speech）、說方言（glossolalia）、自動書寫，以及水晶球異象（crystal vision）[2]等這些伴隨而來的現象，因此變得相當普遍。」（Shamdasani，2009，頁195）正是在這樣的文化背景下，榮格的醫學論文因而聚焦在唯靈現象的心理成因。而佛洛伊德和他所發展的精神分析，同樣受到靈異學震盪的影響。榮格認為他的方法必須有別於靈異現象，然而，唯靈論和精神分析這兩種理論的重點都與人格中的下意識（subconscious）或解離的部分有著密不可分的關係。精神分析採取了更醫學、更生物學的角度來理解靈異現象。然而，對那些偏向唯靈論的解釋來說，下意識的這些部分是與

1　譯註：唯靈論，spiritist theory 或 spiritism，是法國十九世紀中葉興起的哲學學說，由希波呂特·里瓦伊爾（Hippolyte Léon Denizard Rivail）以筆名亞蘭·卡甸（Allan Kardec）所創立。「唯靈論」一詞來自法語日常用語，但因後來唯靈論愈來愈普及，這個詞彙開始成為學術用語。唯靈論假定靈魂永恆不死，只是暫時寄居在肉體中。唯靈論也斷言，透過被動或主動媒介，無形的靈魂對物質世界也可能產生慈悲或惡毒的影響。

2　譯註：vision 這個字是視力或視野，但在超實證的心理學裡，更適合翻譯成異象或靈視。本書將依前後文而定。

「內在的精神性或超越性」有關的（Gyimesi，2009，頁640）。榮格（1902/1970）也提出了將非理性的生命力量視為人類心靈核心的觀念：

如果我們回顧人類的過去歷史就可以發現，許多宗教信仰普遍相信幻影（phantoms）[3]或乙太這一類的存在，認為這些是存在於人類的周圍，對人類發揮著無形、卻強而有力的影響。（§570）

然而，對於這些橫跨了理性和未知這兩個領域的現象，由於佛洛伊德傾向採取科學理性來理解，於是對他來說，早期與唯靈論有關的許多直覺，如今就不再是重點；這一點，使得榮格在偌大的精神分析社群中開始遭到邊緣化。

我們如果重讀佛洛伊德〈不可思議之事〉（The Uncanny，1919）這篇文章裡的觀念，就會發現此觀念在榮格有關靈異現象和十九世紀晚期文化唯靈論的早期論文，和我這一本書的幻影觀念

3　譯註：在本書中 phantom、specter 和 ghost 這三個字分別翻譯成幽靈／鬼魂／幻影。一方面這三個同義字在中文翻譯上已經有一些習慣性的區別，例如德希達的重要作品 *Specters of Marx*，已翻譯為《馬克思的幽靈》（中國人民大學出版社，2016）；一方面也考慮細微的差異：ghost 特指亡靈、死者的靈魂體，但同時聖經上的三位一體 holy spirit 也用 Holy ghost；spectre 大多用於一件不愉快的事件或其記憶可以說是幽靈、陰影等等，例如戰爭留下的陰霾。而 ghost 也有同樣的意義，如：ghost of the house，意指家族中縈繞不去的負面記憶。挪威易卜生劇本《群鬼》或《惡靈》，英譯本就用 ghost 這個字。而 phantom 也可以 是是 ghost 同義字，但另外又指涉某一經驗上所經歷到的卻實際上並不存在的東西，所以安德魯‧洛伊‧韋伯相當受歡迎的音樂劇《歌劇魅影》，英文名稱就是 *The Phantom of the Opera*。作者使用 phantom 這個字來討論他的幻影敘理理論，然而實際上，此字往往涉及 specter 和 ghost 等意指鬼魂的字詞，端賴作者使用時的細微差異來區分。譯介時也會斟酌前後文意而使用不同詞彙，特此說明。

之間，其實是架起了寶貴的橋樑。在佛洛伊德的論文〈不可思議之事〉中，他將所謂教育良好之歐洲人心理還持續存在的泛靈論，加以區分出以此為基礎的無所不能想法，和受潛抑的嬰兒期情結。由於驅力和史前史[4]之過往的重要性是他著作的定錨點，因此，對他來說，不可思議之事會以尚未克服的「被潛抑的嬰兒期情結」或「原始信仰」的方式展現出來：「原始信仰很可能與嬰兒期情結有關，而且事實上，原始信仰就是建立於這些情結的基礎上。」（頁U249）因此，驅力和性成為心靈內在的因果關係、心靈現實的理解，以及個人經驗等等的基礎。佛洛伊德對靈異的排斥，可以從他和榮格的一次對話中看出。「用來防禦什麼的堡壘？」榮格這麼問佛洛伊德。「防禦泥濘的黑潮。」佛洛伊德說了，又猶豫了片刻，接著說道：「靈異主義的黑潮。」（Jung，1961，頁150）

然而，對於不可思議之事的思考，已從文學、美學和精神分析的邊界邁出，前進到二十世紀的政治學領域，「異化成為經濟、政治、心理及存在等這些的條件了。」（Masschelein, 2011, p. 136）

不可思議之事是掌握了美學疏離、政治和社會異化等經驗的關鍵概念，而這種疏離（estrangement）和異化（alienation）是源自於人在這個世界身而為人必有的根深柢固、令人困擾的冷漠疏遠感，但這全被溫和又超現實的色調和熟悉感產生的偽裝而緩和了。

---

4   譯註：佛洛伊德用「史前史」（prehistory）來指最遙遠的過去、「已經存在」、心靈內與生俱來的事物，以及伊底帕斯情結之前的時間。這個概念概念早在一八八八年就出現在他的著作中；在《夢的解析》第七章有更明確的說明。這個想法貫穿了他的全部工作，並在一九一二年之後，於科學探索上產生轉化，精神分析也因而定義為有關自主探索起源的一門自然科學。然而，史前史的概念也被轉化為推測和追求類比之方法的基礎。

（Masschelein，2011，頁 147）

馬舍萊因（Masschelein, 2011）接續談論她對「提出『幽靈徘徊學』」（hauntology）的德希達（Derrida）[5]的看法：

在關於徘徊不去、受潛抑事物之回歸的哲學裡，幽靈優先於存有、存在。這種新的哲學想要檢驗鬼魂（ghost）和虛構作品裡的中介或懸浮狀態——既非死亦非生，既不在這裡也不在那裡——這些成為我們社會裡非物質的、虛擬的，以及不可言說的、無所不在的典型範例。（頁 150）

在這同時，隨著新媒體、數位科技的興起以及傳播的虛擬性增加，我們也需要擁有能夠捕捉它們在社會中非物質性的、但強烈在場的觀點，像是幽靈、鬼魅徘徊及泛靈論等。當代社會有關仇外、移民、流亡、無家流浪（homelessness）及創傷等進退兩難的困境，帶來了各種形式的焦慮；而這些焦慮建立在熟悉和陌生的對

5　　譯註：雅克・德希達（Jacques Derrida, 1930-2004），當代法國解構主義大師，最重要也是最受爭議的哲學家之一。德希達一生總共發表超過四十多部著作以及數百篇散文，其中《馬克思的幽靈：債務狀況、哀悼工作和新國際》（*Specters of Marx*〔*Spectres de Marx*〕: *The State of the Debt, the Work of Mourning and the New International* ），是他一九九三年的著作，標題暗指哲學家馬克思和恩格斯在《共產黨宣言》開頭的聲明：「一個幽靈，共產主義的幽靈，在歐洲遊蕩。」對德希達來說，自一九八九年柏林圍牆倒塌和共產主義消亡以來，馬克思的精神反而更加重要。隨著共產主義的死亡，它的幽靈開始籠罩在世界各地。德希達力求繼承馬克思的工作，但不是共產主義，而是責任哲學和馬克思的激進批判精神。

　　　　這本書所謂的幽靈（specter），一般認為是受到他的兩位精神分析師朋友亞伯拉罕和托洛克的影響。Hauntology一詞在本書譯成「幽靈徘徊學」，另有譯成鬼魂學、魂在論、作祟論等等，指的是社會或文化過去元素的回歸或持續存在，就像幽靈一樣。《馬克思的幽靈》一書出版後，這個新造詞開始大量在視覺藝術、哲學、電子音樂、人類學、政治、小說和文學批評等領域引用。

立上，與遭遇威脅與破壞而日益模糊的邊界有關。（頁 158）

這種異化何以變得可能？還有，在怎樣的情境下，使得這些熟悉的事物變得不可思議且讓人懼怕？也許，這些經由文化歷史和文化記憶所呈現、並由文化情結所構成的幻影敘事，經常會令人產生不安的感受，讓我們從他人熟悉的社會世界疏離開來，無論這世界對我們原本是熟悉還是陌生的。在現今四處可見的諸多邊緣化形態中，我們可以發現，在當今的生活裡，這種異化帶來許多社會和文化的症狀，如無家可歸、移民、貧富差距、失業等等。這些社會現象的情境背景是：

人們並沒有意識到這些社會的、文化的以及溝通的編排（arrangements）所產生的存在與限制，因為目前這些編排並沒有被感知到（不「為人所知」）；若是有所感知，也沒有被承認（「拒認」）；若是有承認，也不會被當作是有問題的（「原來就是如此」）；若是被當作問題，也不會以適當的超然和客觀的方式受到看待。（Hopper，1996，頁 9）

我為讀者所介紹的這個觀念：所謂的幻影敘事是雜交出來的術語，代表它結合了情感場域中的主體／客體、個體／群體、政治學／社會學、個人史和文化史、意識和無意識等各種背景的曖昧性。這種情感場域擁有一種敘事結構，具備了「深深埋藏的內容」（Chomsky, 1968），是在文化的無意識層面上運作，並且由文化情結所構成。除此之外，幻影是這些情結的意象和再現。我採用幻

影敘事一詞，是想要開啟新的想像空間，藉此省思我們當前的歷史形勢所帶來的改變和影響；而這些改變與影響則在群體和個人層面上，為適應與成長提供了脈絡和內容。而正是這種無法忍受、這樣的過多、這一切的不可傳譯，以及這感受得到的缺失，為幻影的動力開啟了空間。榮格（1934/1954）在引用《浮士德》的開場白時，說道：

「你的形態和面孔，又一次盤旋在我的身邊」，這不僅僅只是美學的綻放。這就像魔鬼是具體主義（concretism）的，魔鬼接受了心靈體驗的客觀性，低聲地宣布這是確實發生的事，而不是因為主觀的願望或恐懼，或因為個人的觀點，而確實就只是因為它自身。當然，只有原始的笨頭殼才會想到鬼魂，但的確，只有原始笨頭殼這樣的東西，才會想到鬼魂與像原始的笨頭殼這樣的事物，而這一情形似乎往往潛伏在我們白天理性意識的表面下。（§312）

奧古斯特·威爾森的《兩列奔馳的火車》：一則幻影敘事

「鐵軌上總是存在著兩列奔馳的火車，而且只有兩列。有生命，也有死亡。我們每個人都同時乘坐在這兩列火車之上。任何人都能夠要求讓自己活得有尊嚴，歡慶並接受在這個世界上自己有參與在場的責任。」

——奧古斯特·威爾森

美國劇作家奧古斯特‧威爾森[6]的《兩列奔馳的火車》是一部與二十世紀美國黑人經歷有關的戲劇。該劇的文化／社會背景，是一九六九年賓夕法尼亞州的匹茲堡，民權運動後的時期。金恩博士、麥爾坎‧X（Malcolm X）、黑人權力運動（the Black Power movement）[7]、二十世紀初黑人從南向北的遷移、城市的更新和變化，以及與這文化變遷相關的不確定未來，都明確地呈現在這齣戲劇的對話中。該劇以孟菲斯‧李的餐酒館為場景。由於餐酒館與該街區是城市都更計畫的一部分，因此將被拆除。從原型來說，先知

6　譯註：奧古斯特‧威爾森（August Wilson, 1945-2005），美國劇作家，有「美國黑人的戲劇詩人」稱號。其最出名的作品是一系列戲劇，統稱為《匹茲堡輪迴》（The Pittsburgh Cycle），也稱為《世紀輪迴》。這個系列由十部戲劇組成，其中九部是以匹茲堡的山區為背景（另一部的背景則在芝加哥）。匹茲堡山區為非裔美國人社區，具有神話的文學意義。該系列戲劇背景橫跨十年以上的歷史，勾勒出二十世紀黑人的經歷。《柵欄》一九八五年獲得普利茲獎和東尼獎、《鋼琴課》於一九九〇年獲得普利茲獎和紐約戲劇評論家獎；一九九二年上演的《兩列奔馳的火車》還有下一章討論的《海洋寶石號》（2004），都屬於這個系列。

7　譯註：黑色力量（Black Power），或譯黑人權力，根源可追溯到理查德‧賴特（Richard Wright）一九五四年的作品《黑人權力》（Black Power）。黑人權力運動（the Black Power movement）始於一九六〇年代，強調種族自豪感、經濟賦權，以及政治和文化機構的創建。「黑人力量」為人廣泛使用是在學生非暴力協調委員會的組織者（Student Nonviolent Coordinating Committee, SNCC）和發言人卡邁克爾（Stokely Carmichael，後來改名 Kwame Ture）和瑞克斯（Willie Ricks，後來改名為 Mukasa Dada）將該詞首次作為政治與種族口號的時候發起。

　　黑人權力運動的代表人物包括馬丁‧路德‧金恩（Martin Luther King, Jr., 1929-1968），他於一九六三年發起「向華盛頓進軍」的行動，並在林肯紀念堂前發表「我有一個夢」這個流傳至今的演講；一九六五年三月，他領頭塞爾瑪到蒙哥馬利大約八十公里的遊行。以上這些美國民權運動成為歷史上里程碑，並觸發了一九六五年的投票權法案。金恩博士於爭取非裔美國人的基本權利上不遺餘力，並主張以非暴力的方式抗議，成為美國進步主義的象徵。他於一九六八年遇刺後，全美各地出現暴動。

　　麥爾坎‧X（Malcolm X，原名 Malcolm Little，1925-1965）非裔美籍伊斯蘭教教士與非裔美國人民權運動者，於非裔美國人民權運動（Civil Rights Movement）中扮演關鍵的角色之一。

薩母耳和愛絲特阿姨等與聖經中的人物形象，在劇中背景的襯托下強烈地存在於現場。

　　這劇中的對話，也就是劇中的神聖空間，發生在七個角色之間：孟菲斯；斯特林，一個有前科、信奉麥爾坎‧X教條的男人；沃爾夫，一個學會了按照白人規則賭博的賭徒；麗莎，一名女服務生，為了與男人保持距離而截斷自己的腿；哈姆伯恩，一個失落煩心的人，每天早上都大喊著：「我的火腿在哪？我要我的火腿！」（Wilson，1992，頁22）；還有韋斯特，為哈姆伯恩死後處理大體的殯儀業者。哈姆伯恩像麗莎一樣，兩人全身遍佈著疤痕。韋斯特說道：「這個男人有很多疤痕，我從沒見過這種事。疤痕全都在他的背、胸前……他的腿上！」（Wilson, 1992, 91）。最後一個角色是霍洛威，一位駐地哲學家，他相信一位三百六十九歲傳奇女士（愛絲特阿姨）的預言。而這位女士在劇中從不直接開口說話，但在某個時刻，每個劇中的角色都會提到她預見了什麼。愛絲特阿姨的年齡與非洲人開始在美國發展的歷史大致相符。一六一九年，大約有二十位黑人，來自荷蘭奴隸人口販子，被收購成為在詹姆斯頓的英格蘭人拓荒地的契約傭工，是英屬北美殖民地的第一批非洲人。在這段歷史脈絡下，愛絲特有如幻影，代表他們的鬥爭與傳承，以及奴隸制度悠久的歷史和遺跡。在我看來，她是一個連結代間動力的靈性人物，她讓這劇在時間上突破了所處的時代位置（一九六九年的匹茲堡），觸碰到了與代間文化情結的延續有關，且深刻地超越了時代的真相。

　　該劇的流動來自於不同角色之間的日常對話，透過彼此之間積極的溝通交織成一張彼此緊密相連的網。個人的界線是具有滲透性

的，而奴隸制度、解放奴隸宣言、重建時期、吉姆‧克勞法，以及民權運動等一連串歷史事件的背景[8]，形成了一幅關於生存、痛苦及因應過程的鉅幅畫作。透過這部戲劇垂直和水平（時間和空間）的動力，還有它的風格和語言，促使集體無意識和文化無意識交互作用，得以顯現在相互關係的織網之中。而所謂垂直的動力，指的是大量的時間階段（像是愛絲特）是在特定的種族和社會／政治的脈絡中，得以一代一代跨越時間而延續下去。也因為時間和空間這兩種維度（垂直和水平）的交錯，使得《兩列奔馳的火車》中的人物能表達出美國非裔社群中所出現的不同態度，並代表對種族歧視歷史中各種不同的回應。在這樣的脈絡下，過去歷史的幻影重新創造出來，成為在劇情活動中徘徊的種種存在：憤怒、絕望，以及自我譴責，所有這一切感受全是因為種族和社會的情境而產生的反應。然而，在這些情感的深處有著一股肯定和救贖的感受，我認為

---

8   譯註：美國奴隸制度盛行於美國十八到十九世紀，起源於英國大不列顛對北美殖民時期。一七七六年美洲《獨立宣言》發表時，美洲大陸的十三個殖民地仍將奴隸制度視為合法。在獨立戰爭（American Revolutionary War, 1775-1783）後，廢奴之聲逐漸在美國北方各州散布，但一八○○年起，美國棉花工業快速發展，使得美國南方各州雇用奴隸的需求增加，這導致美國國內對奴隸制度的觀點極端分化，主要分為蓄奴派和解放派。

《解放奴隸宣言》（ *The Emancipation Proclamation* ）是美國總統亞伯拉罕‧林肯於一八六三年一月一日公開的宣言，主張所有利堅邦聯領土的黑奴都應享有自由，然而南北戰爭（American Civil War, 1861-1865）以後，邊界州（德拉瓦州、肯塔基州、馬里蘭州、密蘇里州和西維吉尼亞州）因仍效忠聯邦而絲毫不受影響，繼續使用黑奴。

美國南北內戰後是謂重建時代（Reconstruction era, 1865-1877），為期十二年，標誌著美國民權史上的重要篇章。重建活動由美國國會執行，重建活動包括廢除奴隸制度，並結束南部各州的邦聯分治。新解放的奴隸為自由人，表面上擁有與白人相同的公民權利，這些權利由統稱為《重建修正案》所保障。而吉姆‧克勞法（Jim Crow laws, 1876-1965）泛指在美國南部與邊境各州，對有色人種（尤其針對非洲裔美國人，但也包含其他族群）實行的種族隔離制度之法律。

這體現在愛絲特阿姨這個形象的幻影裡。劇中的角色不僅談論到個人的失落，我想這些個人失落同時和產生這些挫折、憤怒、仇恨、攻擊、壓迫及掙扎的整個社會背景交織在一起。儘管圍繞在種族關係四周的社會政治已經有所改變，也就是各種族群、種族及性別有差異的群體會互相合作，並為種族和社會議題的差異性創造出繁複且能夠合作的空間，我們依然繼續不斷地處理與再處理所有帶來不滿的議題，例如：在刑事司法系統中（監禁、攔截與搜身、種族檔案、移民）的差別待遇、教育（肯定性行動）、經濟差異、持續失業、家庭破裂，以及社會的混亂。文化情結的動力強化了這些議題，並為其帶來了一定的情感強度，因為這些議題需要的是幻想層次的變化：也就是無意識層次的變化；無意識是指我們對彼此的觀察和體驗，並與遇到這些議題時出現的精神病性焦慮[9]息息相關。

作者威爾森並沒有告訴我們，愛絲特阿姨對前來拜訪她的角色時，除了一句「拿二十美元扔進河裡」外，究竟還說了什麼：

霍洛威：他該要做的事，就只是去見見愛絲特阿姨。愛絲特阿姨會讓他找到方向。無論你有什麼問題，她都能夠梳理清楚。……不過你得付錢給她。她是不會自己拿錢的。她會要你走下去，將錢扔進河裡。她說，這些錢會流回到她這邊。（1992，頁 23-24）

透過愛絲特阿姨的建議和劇中角色的關係，來看文化情結所

9　譯註：一般情況下，焦慮應該是屬於精神官能症層次的症狀，但在人格結構比較脆弱的狀態下，太大的壓力將產生瀕臨崩潰的感覺，這時候伴隨而來的焦慮是屬於精神病層次的，平常所謂瀕臨崩潰的狀態就是一個例子，所以名之為精神病性焦慮（psychotic anxieties）。

象徵的本質是十分有趣的。二十元美金的紙幣上，有著美國第七任總統安德魯‧傑克遜（Andrew Jackson）的頭像。他不只是奴隸群的主子，也曾強迫數千名印地安人遷移至現今的印地安保留地，他狂熱的追隨者創立了當今的民主黨。因此，在他一生當中與奴隸制度、權力及金錢等主題有關的矛盾，全都在他身上體現了。在他的任期內，美國第二銀行（the Second Bank of the United States）[10] 被迫關門。對傑克遜來說，銀行象徵著特權階級是如何壓迫美國一般民眾的意志。因此，「將二十美元扔進河裡」也許是把自己對「萬能美元」絕對的忠誠拿來犧牲獻祭、將一個人的信念帶領到社會和靈性兩者之間平衡的方式。在威爾森的戲劇中，愛絲特阿姨和其他角色（或態度）之間的互動交流，既不能用邏輯語言來表達，也不能以傑克遜矛盾的人生來呈現，這一切的複雜性，全都反映在孟菲斯餐酒館所有角色所形成的鏡子中。

由此觀點來看，愛絲特代表著一種文化阿尼瑪，在榮格學派的意義裡，她是劇中所有非裔美國人的連結原則，也是對圍繞在種族、階級、民族及性別的個人痛苦和文化困境，進行反思和再現的方式。由於她從未露臉，因而代表了這部戲劇的幻影脈絡，也呈現

---

10 譯註：美國第二銀行是美國聯邦授權的第二家國家銀行，一八一六年由詹姆斯‧麥迪遜（James Madison Jr.，美國第四任總統）總統特許經營，並於一八一七年一月在費城的主要分行開始營運。直到一八二九年傑克遜就職之際，這家銀行似乎已經從全世界的經濟不景氣中站穩腳跟，而且，最高法院確認了其合憲性；財政部承認其提供的是有用的服務，有利於美國貨幣健康穩定；公眾對國家銀行的看法普遍是積極的。然而傑克遜（美國第七任總統）政府卻攻擊未能生產穩定的國家貨幣，並且缺乏憲法合法性。為了拯救銀行，當時的執行長比德爾（Biddle）引發了一場短暫的金融危機，人們最初並將此危機歸咎於傑克遜的行政。到了一八三四年，針對比德爾的策略開始普遍反彈，恐慌與危機因而結束了，然而一般民眾還是認為傑克遜是這金融危機的罪魁禍首。

出幻影的特質。透過與她的相遇，劇中的角色能得到幫助，將文化中未經處理的貝塔元素（情緒動力）[11] 轉化為可以消化的想法；劇中角色們透過這些想法，能夠在人性被逼摘除的情境中繼續肯定自己的人性。

在個人心理學裡，我們會思考母親或父親情結的意象；在文化情結中，我們也會將幻影視為群體生活的意象來加以思考，因為這反映了群體和個人如何透過各種的社會態度以及當前事件所存在的結構，來運作特定的動力。例如：歷史中的文化創傷事件，不只摧毀與擾亂了社會和文化模式，也造成家庭和社會功能的崩潰，並創造出文化創傷的症狀，包括各式各樣的習得無助、被動，以及與自己或世界缺乏效能的關係，因此可以預期的失敗和憤怒，以及轉向外控、自責、低自尊，還有視而不見的現象開始出現。

所有這些都發生在政治的、經濟的，以及體制的權力結構所形成的文化背景下，就是這些結構賦予了某些群體相當的特權。我喜歡醫學人類學中社會苦難（social suffering）一詞，這是凱博文（Arthur Kleinman）[12]、維娜・達斯（Veena Das）和瑪格麗特・洛

11　譯註：比昂首先是在《從經驗中學習》使用了 β 元素這個術語：「如果 α 功能受到干擾，因而造成患者可覺察的感官印象和他正在經驗的情緒將會保持不變。關於這一切，我將稱之為 β 元素。如果拿來與 α 元素相比，β 元素不被認為是現象，而是物自身。」（頁6）比昂經常談到 β 元素、未經處理的感覺印象和未經處理的情感數據。β 元素是非常具體的，在感覺上，它們像是糟糕的內部「事物」，只能透過驅逐來加以處理。他強調，β 功能情緒也當作物理客體來加以體驗。

12　譯註：凱博文（Arthur Kleinman），一九四一年生，美國精神科醫師，在哈佛大學教授醫療人類學及跨文化精神醫學，以在中國與台灣從事精神疾病研究而在華人世界聞名。他一直在華人社會進行研究，首先是一九六〇年代末在台灣、一九七八年到中國，研究憂鬱症、身心疾病、癲癇、精神分裂症和自殺，以及其他形式的暴力。他的著作不僅涉及社會苦難，也觸及公共衛生和國際議題、跨文化精神醫學，以及個人苦難和殘疾的經歷。出版著作（繁體中

克（Margaret Lock）等人（1997）提出。也是透過這個詞，我才能將遭到文化情結所凍結的結構性情境加以視覺化：

社會苦難是來自於政治、經濟及權力等制度對人們的影響下而產生的，反過來說，也是來自這些權力本身的形式是如何影響了對社會問題的反應。至於包含在社會苦難的範疇內、而且通常分成不同領域的這些情境條件，經常也涉及了健康、福祉、法律、道德及宗教等各種的議題。（凱博文等人，1997，頁 ix）

這一切還有另一種解釋：不僅受害者會永久留下創傷，承襲這一切利益和特權的人們，也會永久地保持創造出這一切情境條件的態度、儀式及社會機制。而這些就是幻影效應。

我使用心靈在場（psychic presences）這詞的目的，在於傳達心靈內超自然實體中的經驗，這些實體以意象或幻影的形式出現，而我們又將其具體化成為真實。這些幻影的意象隨著我們的前進而持續變形或滑稽化……。這一切會演化成象徵的意象，指出了客體－個人之「缺席的在場」，也就是說，在客體缺席的情況下，經驗的遺產還是在場的。（Grotstein，2000，頁 xix）

然而，大多數與缺席之在場或代間歷程有關的論文，都集中在跨世代歷程如何促成依戀的組成與瓦解（Cavalli, 2012; Kradin,

---

文版）有《道德的重量：不安年代中的希望與救贖》、《談病說痛：在受苦經驗中看見療癒》，以及《照護的靈魂：哈佛醫師寫給失智妻子的情書》，皆由心靈工坊出版。

2012）。因此，我第一個假設是，代間的歷程是以幻影敘事的方式來呈現的，而幻影敘事則為發生於過去歷史文化脈絡、而延續至今未解決或未修通的哀慟和暴力，提供了結構、再現及延續性。

韓德森對幻影敘事的貢獻

約瑟夫・韓德森（Joseph Henderson, 1990）提出了文化無意識（cultural unconscious）的概念，他認為文化無意識是

位於集體無意識和文化顯性模式之間的一塊歷史記憶區域。文化無意識可涵蓋意識和無意識的形式，但它同時有著某種來自集體無意識的原型身分，而這種身分有助於神話和儀式的形成，也會促進個體的發展歷程。（頁 102）

對我來說，韓德森定義中的議題，與「它同時有著某種來自集體無意識的原型身分，而這種身分有助於神話和儀式的形成，也會促進個體的發展歷程」有關。

我採用幻影一詞，就是為了回應「它同時有著某種來自集體無意識的原型身分」，以及它如何在個體和群體上再現。幻影（phantom）之所以類似於幻想（phantasy），是由於它帶給群體的情感經驗有著特定的品質和身分的意象。幻想和情感經驗於是在幻影中集結在一起，反映了群體或社群的成員在表達與彼此或團體之間的關係時，彼此之間充滿情感的連結（比昂所謂的效價〔1961/1983〕）。文化無意識帶來了一種富有想像力的方式，掌

握了主觀的和社會的在場、遺忘和失落，種種一切在個人和文化無意識的層次上，繼續扮演著我們生活中的塑形力量而運作著。

在以下這段和本章後半部，我將描述何謂幻影敘事，以及它們與文化情結之間的關係又是如何。

以幻影作為面對歷史的心理態度

文化情結透過歷史歷程的組成模式，為群體成員提供了連續性和相當連貫的敘述。然而，在我看來，由個體和群體無意識所留存的這段歷史，雖然相對來說是獨立於群體意識的意圖和目標之外，但似乎也有終極目的論的面向；也就是說，歷史的製造是具有自主性的。這自主性意味著這是獨立於空間／時間協調之外的，反映了歷史模式這種非連續的、超越心靈的歷程，而這些模式是與個體和群體的情結有關的。

榮格歷史觀點所包括的：「不僅是童年和直系親屬，也涵蓋了更大的文化母體、代間模式，以及嵌入集體無意識中的古老歷史。」（Stein，1987，頁61）他「將原型納入歷史連結點中，讓人們意識到歷史對個人的影響是普世存在的，而且是根植於文化和無意識中，貫穿了情感和心理功能運作的所有部分，因此，這也是身分認同的基礎。」（Stein，1987，頁61）

我對群體歷史最初的研究方法，肇始自有關代間創傷的思考，我認為這些創傷是圍繞著文化情結組成的。從代間的角度來思考，有個問題出現了：所有這一切究竟是如何發生的？這樣的傳遞是透過什麼機制而產生的呢？既然我們所談的通常是從過去到現在這種

跨越時間維度的移動，那麼在沒有直接溝通的情況下，又該如何探討我們可能受到其他時間和空間各種歷程和動力等等影響呢？此外，該如何看待其中的主體間性（intersubjectivity）呢？然而，唯有透過主體間性這種方法，我們才可以經由相互關聯的方式，刺激並產生彼此之間的聯想和情結，將我們自己帶入不同的情緒空間而喚醒記憶。所有的這些問題，似乎都與世代的連續性有關，當然，也與人群的、團體的、和／或宗教的倖存有關。

我的幻影背景

我對幻影的興趣來自幾個不同源頭的影響。在這裡我只提及四個部分。多年以來，我一直採用情結的概念，在心理層面企圖理解各種歷史、政治，以及文化的情境，因為這一切都會出現在治療和分析中。我就是從這樣的工作裡終於建立了文化情結的概念。文化情結與個體情結不同，它是以群體為基礎的。然而，就如同個體情結一樣，文化情結是在每個個體和群體內部自主地組成了團體生活的態度、情緒及行為，它們的原型目的，似乎是在情感所共有的這一假設的歷史連續性裡，為個體和群體提供歸屬感和認同感。

第一個影響，來自於我對團體生活無意識維度的研究。多年來，我自己參與過許多的諮詢團體，也訓練別人如何解讀團體動力中的無意識。在這些經驗中，很容易看到比昂所描述的以下這兩者之間的互動：當團體成員對團體任務的進行更具有意識時，以及，無意識歷程的進展隨著成員的焦慮而產生幻想時（而這些幻想是用來為自己創造可控制的焦慮）。從本質上來說，一個人將會明白群

體的生活確實是浩瀚無垠的。

　　對我思考產生的第二個影響是，早期在一家兒童輔導中心
（child guidance clinic）擔任兒童與家庭治療師時，我採用家庭系統
的方式來處理我的兒童個案呈現出的議題。我經常與家庭一起工
作，也有多次與大家庭的成員，包括之前的世代，像是祖父母等一
起工作的經驗。在那裡，我看見對家庭的迷思和信念是如何導致情
緒糾纏難分，讓家庭成員與前幾世代的需求和失落繼續綁在一起。
在任何家庭會談中，採納至少三個世代的觀點已經成為我自然的反
應。兒童個案和其家庭，加上兒童父母雙方的家庭歷史，都是用來
理解兒童當前問題的情境脈絡。

　　在家庭中，不僅家庭成員的象徵和意象傾向於將代間的歷程
編成了不變的法典，家庭無意識的苦難往往也是彼此共享或相互承
受的，而角色和規則的共演（enactment）則是用來保護家庭的恆
定和安全——這點經常是藉由某個成員的排除或被認定為代罪羔羊
來完成：我們總是能找到英雄和壞蛋、公主和骯髒老頭等等。我開
始思考，這種家庭無意識的功能運作是否也是一種文化無意識的表
達。在家庭的層次上，文化無意識體現成家庭匯聚中交互作用的能
量，並透過共享的意象、經驗及角色來加以表達。就如同文化無意
識一般，家庭無意識在團體的層次上，也揭顯了共享的情緒場域，
並透過集體的假設來表達。在這裡，家庭的情感生活與文化歷程中
的文化無意識交織在一起。

　　第三個有助於我理解幻影概念的，是透過榮格思想的架構來發
展出看待代間歷程的方式。榮格心理學作為超個人心理學的其中一
種，糾正了傳統精神分析化約主義的態度；這種態度將人類所有的

苦難和神祕，都化約為出生以後的發展歷程。

我們的意識中存在著一個自我，然而還有另一個是由無意識中的祖先元素所組成的，在這力量的影響下，一位多年以來向來忠於自己的人，突然之間陷入某位祖先的影響……。也許是某些來自祖先的特質，以擁有自己生命之情結的形式深埋在心智裡，且從未經由同化就進入個體的生命當中，然而，卻因為某種未知的因素，這些情結啟動了，開始從無意識層層堆疊的隱匿深處中走了出來，並且支配著整個心智……。情結將被喚醒，因為個體透過祖先的這個態度將獲得最好的適應方式。（Jung，1989，頁 36、37、82）

儘管榮格明確地指出，我們個體的心靈是湧現自更深層次的無意識，而且是源自人類集體的、共有的及社會的經驗（基本上這意味著個體的身分認同是根植於我們的家庭、國家及民族的象徵、儀式、語言，以及共享的歷史記憶），然而我們仍傾向於從對立的角度來思考——內在／外在、心靈／社會——並且從個體的心理動力來理解外在世界。

隨後，我發現了亞伯拉罕和托洛克（1994）的著作，這兩位法國分析師描述了一種他們稱為「幻影」（phantom）的拓樸結構：

這是一種從長期隱藏和緊抱著的許多祕密中發展出來的結構，這些祕密無聲無息地傳遞並滲入孩子的無意識中。因此，幻影是一種型態，完全在各種嚴格的階段性或人類行為發展觀之外的。那些被幻影所籠罩的孩子成為一座活生生的墳墓，在這個墳墓中，上演

著一齣他人體驗為創傷、無法言說的戲劇，雖然該齣戲劇早已入土為安，但情節依舊上演著，並繼續使出破壞性的影響。這現象可以描述為一種保存潛抑（preservative repression）。隨著祕密的代代相傳，孩子也繼承了不言而說的習性，而該習性是讓祕密的完整性堅不可摧的關鍵。因此，在精神分析裡，這些幻影的載體，從形而上學的角度來說，是「分析裡的孩子」。換個角度來說，對幻影的分析永遠是對兒童的分析。然而，在這同時，對幻影的精神分析也始終是對成人的分析，這裡指的不是對躺在躺椅上的成人分析，而是隱藏祕密的成人。（頁140）

　　但是，亞伯拉罕和托洛克著作的重點在於家族情境內的幻影，我運用了他們的概念，並將這點加以拓展，應用到文化的和集體的諸多力量中，舉例來說，其中的力量就顯現在童妮・摩里森的小說《寵兒》[13] 裡面。作為幻影，寵兒（女黑奴殺害的親身骨肉）在這個具有主體間性的家族中，擔任的功能就像是幻影，再現了奴隸制度的動力及其歷史遺產，也再現了於奴隸制度存在的周邊所產生的文化情結。

　　幻影是一種依瑪構（imago）[14]：「透過這個技術性術語的選

13　譯註：《寵兒》（*Beloved*）是美國非裔女性作家童妮・莫里森（Toni Morrison, 1931-2019）於一九九三年獲諾貝爾文學獎的小說。小說主要是根據七〇年代一則報導裡黑奴瑪格麗特・加納的事跡改編而成：一個女黑奴為了不讓孩子遭受奴隸制度的迫害，她殺死自己的親生骨肉，儘管後來入獄，她依然堅信自己沒錯。全書以黑人社群的歷史及其命運為創作主題，寫實呈現美國奴隸制度的殘酷與恐怖，以及非裔美國人在生活和靈魂上痛苦的焠鍊及蛻變過程。繁體中文版由台灣商務出版。

14　譯註：imago 這個詞（在拉丁語中意為「意象」〔image〕）自古羅馬時代以來就是特殊用語，指的是羅馬廣場展出的死者的蠟面罩。過去曾音譯為依瑪構，也由於該詞

擇，我以『依瑪構』這詞語來作為心理因素在心靈位階中鮮活獨立性的總結，也就是說，擁有這個普遍出現在各種體驗中的自主性，將會成為這些感覺調性的情結所擁有的基本特性。」（Jung，1952／1967，§44，注4）幻影的功能運作類似於情結，但它是透過想像／意象的力量來運作的。在我的看法裡，幻影是一種透過文化情結的運作來描述心靈功能之無意識結構的模式。原型核心和個人經驗兩者在幻影的載體中可能會出現分裂。幻影與榮格有關靈魂和精神[15] 的研究是相關的。榮格在〈精神信仰的心理基礎〉（The

---

於生物學的意思是昆蟲蛻變過程中最後破繭而出的階段，後則譯成「完成意象」。

　　心理學上，榮格是最早使用該詞的人，當時也是他追隨佛洛伊德的期間。後來佛洛伊德將依瑪構這概念加入到自己移情神經症的核心概念中，此舉卻標誌了佛洛伊德與榮格之間個人關係的斷裂點。佛洛伊德將依瑪構理解為人在移情的影響下，出現的理想化或去理想化的扭曲；在移情神經症治療中，投射到治療師身上的就是依瑪構（例如，父母依瑪構）。客體依瑪構（Objektimago）的內容本質上是古老的，因為它們代表了無意識中非個人的、集體的成分。出於這個原因，榮格認為「客體依瑪構」這詞不應與指稱嬰兒期性慾的客體混淆。學術上，依瑪構一詞於一九一一年首次出現在榮格的作品《力比多之轉化和象徵》（即日後《無意識心理學》一書），榮格在本書中描述了母親、父親與兄弟的依瑪構。這個詞和情結是兩個相近的概念，依瑪構這詞最後由情結所取代。依瑪構和意象（image）兩詞有一定的重疊，只是有時依瑪構指的是更太古、更成熟的意象。

15　譯註：靈魂（soul）和精神（spirit）是榮格經常提到的兩個詞彙，兩者之間的差別是：「沒有靈魂，精神就像物質一樣死氣沉沉，因為兩者都是人為、抽象的概念；人本來就認為精神是一種易變的身體，而物質是不缺靈魂的。」「就空氣或氣體的意義而言，靈魂代表了比精神更高的概念。靈魂作為『精微體』和『呼吸的靈魂』，意味著非物質的東西，比空氣更精細。它的本質特徵是賦予生命和被賦予生命；因此，靈魂代表了生命的原則。」榮格試圖將傳統觀念中的靈魂，給予更集中的定義，因此要求他全集英語翻譯的編輯在不同之處附加註腳，以解決將德語 Seele 翻譯成英文時「幾乎無法克服的困難。」

　　英文裡並沒有德文 Seele 那樣結合了 psyche 和 soul 單一英語的對等詞。在「分析心理學的技術術語中」，由於「靈魂」是經常使用的字詞，指的是「功能性情結」或部分人格，而不是整個心靈。在一些引文中，榮格在非技術的意義中使用了「靈魂」，意思是「具有高度神祕性的心理（現象學）事實」，並說明了靈魂的特徵和功能。靈魂與精神完全不同：精神將我們帶到乙太中；靈魂讓我們腳踏實地，保持清醒，而且其「區分功能將各種對立面分開，尤其是那些在基督和魔鬼中人格化的道德秩序。」精神也可能是外在的，所以 spirit 這個字也

Psychological Foundations of Belief in Spirits）（1931/1960）一文中，將情結的體驗拿來與靈魂與精神的原始信仰加以比較：「靈魂是相對應於個人無意識中的自主情結，而精神則相對應於集體潛意識中的自主情結。」（§587）在這裡他對靈魂情結和精神情結做出了重要的區分：

　　我們也許會感覺到精神是奇怪且不屬於自我的，但對靈魂或眾靈魂來說就不是這樣的情形。當精神開始靠近或有所影響時，原始人類會感覺是某種不可思議或危險的存在，因此一旦加以驅逐精神，原始人類就會如釋重負。相反地，他會感覺靈魂的失落就像得了一場病；事實上，人們往往將身體重病歸因於靈魂的失落。（1931/1960，§586）

　　簡而言之，靈魂情結「屬於自我，失去了它們就會出現生病的情況。」（§587）

　　在文化情結的層面，靈魂和精神之間的交互作用會產生幻影，就像先前所提及的，這種情況出現在《寵兒》一書，也能在杜博依斯著作中《面紗》（*The Veil*）或《頓德》（*Duende*）[16] 的觀念中看

可以翻譯成精靈或靈性。

16　譯註：杜博依斯（William Edward Burghardt, "W. E. B." Du Bois, 1868-1963）是美國社會學家、歷史學家、民權運動者、泛非主義者、作家和編輯，出生於麻州大巴靈頓，在當時的美國是相對比較包容、多元的環境。杜博依斯同時是多產的作家，文集《黑人的靈魂》（*The Souls of Black Folk*, 1903）是非裔美國文學中開創性的一部作品。一九三五年發表的巨著《美國的黑人重建》（*Black Reconstruction in America*）挑戰了「黑人應該對重建時代的失敗負責」的傳統思想。

　　在社會學領域，他寫出非裔美國人第一本系統的研究著作；包括《黑水河：來自面紗後

見（1961）。幻影有一種自主性，是不可思議且陌生的，雖然不覺得與某個人有關，但十分矛盾的是，這個人卻會覺得與這些幻影有著很深的關係。幻影的精神面向是它的自主性，它的靈魂面向則反映了它在人際方面和家族方面的歷史。

第四個讓我對幻影感到有興趣的原因，是來自約翰·佩里（John Perry）[17] 在〈情緒和客體關係〉（Emotions and Object Relations, 1970）一文中所拓展的榮格有關情結的觀念。他解釋了

的聲音》（*Darkwater: Voices from Within the Veil*）在內的三本自傳，都體現了他對社會學、政治學和歷史學的深刻見解。在《黑人的靈魂》一書中，面紗（veil）成為「有色界線」的隱喻，代表著種族的壓迫和不平等；頓德（Duende）則是伊比利半島、拉丁美洲和菲律賓民間傳說中的類人類生物。西班牙文 Duende，意為「房屋的管理者」，指的是居住在房屋中的頑皮精靈，同時也是當代民間某一型式哀歌的名稱。

17　譯註：約翰·佩里（John Perry, 1914-1998）是美國的精神科醫師和榮格分析師，在哈佛大學取得學士到博士的學位，最大的成就在於用榮格理論探討急性精神病狀態，以及如何協助這樣的個案。

約翰·佩里的父親是羅德島聖公會（英國國教）大主教。一九三六年榮格參加哈佛大學三百年盛會時，二十二歲的佩里不只在場聆聽榮格的演講，後來榮格到了他家過夜。同年，他找機會私下請教榮格心理學和其他相關的問題，原先主修歷史和文學的他，又再學習醫學並取得了醫學博士。二次大戰因良心緣故拒絕戰爭，到了中國戰區成為軍隊的外科醫師。這段經驗導引了他對中國的歷史和文化終身興趣。一九四七年。他到了蘇黎世，成為榮格分析師訓練的第一期學生，由梅爾（Carl Alfred Meier, 1905-1995）和托妮·沃爾芙（Toni Wolff, 1888-1953）分析、榮格督導。一九六〇年，他回到美國，定居舊金山拉克斯珀（Larkspu）。他一生共寫了六本書，以及無數的論文，包括榮格寫前言的《精神病歷程中的自性》（*The Self in Psychotic Process*）。

湯姆士·克許（Thomas B. Kirsch）表示：「約翰·佩里與嚴重的精神病個案一起工作，證明了原型主題如何獲得表現；他為一些嚴重的精神病個案發展出一套不需借助抗精神病藥物的治療方法。這是一件非常激動人心的工作，引起的國內外的關注。……佩里被視為導師和分析師而為人追隨，廣泛地開堂講座……一九六〇年代末，他在聖荷西的阿格紐州立醫院用這種方式來領導一研究方案，不久則在舊金山研究院成立一個名為『移行』的中心繼續工作……（但後來）情況顯示，病人不只是需要對無意識的接納和非藥物治療。」佩里相信肉體的結合以達到煉金術中精合狀態，可以產生療癒的效果，卻因而違反了醫學與榮格分析的倫理原則，一九八一年舊金山榮格學院不得不讓他無限期停止執業。

情結為何經常是雙極的或是由兩個部分組成。當情結一旦活化，一部分會投射到合適的他者身上，另一部分則變成依附在自我之上。舉例來說，在母親情結中，這兩個部分是孩子和母親。當母親情結活化時，依據母性的品質，情結中適當的孩子部分就會投射出去和／或加以認同合一，而母性的部分如果不是投射，就是認同。此外，他也開始討論，情結的雙極性在自性的每一層面是如何以某種神祕參與（participation mystique）的方式來發揮作用。

關於遺傳的記憶痕跡這個議題，榮格一度有興趣，儘管後來他找不到任何相關的證據，他依舊猶豫地表示不能排除這種可能性。然而，思考代間過程是如何傳遞的，情結理論確實是很好的起始點。從人際關係來思考情結的雙極性，讓我開始思考心靈結構是如何從個體和群體的關係中創造出來的。若如此思考的話，代間傳遞也就是建立結構的歷程中受到內化與延續的部分。這就像魚在水中一樣，這歷程的一切運作往往是在「未經思考就知道」（unthought knowns）的背景下（Bollas, 1987）。然而，它意味著一種在場的不存在（present absence）；也就是說，我認為這所描述的就和幻影一樣。

當治療時，個人過去的歷史是得以分享的，無論是個人的還是群體的情結，都因而匯聚在一起。當敘事透過個人情結和客體關係而能夠清晰表達時，幻影就成為載體，承載著集體–文化的故事中失落的部分。我們透過見證、透過以詮釋來擁有的歷程，不僅能為個案打開反映過去歷史的空間，也透過我們與個案的關係而成為打造歷史這歷程的一部分。事實上，我們成為他們歷史的一部分（Jung, 1948/1980, §635-36）。「〔榮格的〕心理學絕不是仰賴這

些屬於意識的策略，而是努力去說服人們去相信有關無意識對社會事物的力量。」（Dourley，2003，頁148）。

文化層次上的幻影敘事

在我的論文〈文化情結和不被看見的神話〉（The Cultural Complex and the Myth of Invisibility, 2000）中，我將神話和不被看見這兩個術語放在標題中，是為了說明在文化情結的創造中關於不被承認的這件事。我們總是身處於不斷想要瞭解他人是怎麼看待我們的過程中、我們總是在引導下，最後還是接受了他人對我們的看法。這當然是相互作用的現象：彼此的看見／承認（recognition）在人性化的歷程中基本上是必要的角色。我們如果要在這個歷程中尋找文化情結所擔任的角色，那麼首先要承認，情結產生的最初源頭，恐怕就是不被看見／承認的痛苦經驗。這個在群體歷程的運作所反映出的原初問題，有時候並不是在於我們如何被看見，而是在於我們如何不被看見。我們所有人或早或晚都有不被鏡映的時候；也就是說，當我們的合法性被忽視的情形達到某一程度以後，我們開始以為自己在他人擁有特權的世界中是次等的。換句話說，整個脈絡是否互為主體，是文化情結的形成是否會影響日常生活自尊的主要原因。

非裔美國人不被看見的這個情結，在拉爾夫・艾里森的小說《不被看見的人》（1956）中，近乎完美地呈現出來，這本小說經常被視為二次世界大戰後美國小說最主要的代表作品之一，因此成為反社會運動的強大推動力，讓非裔美國人獲得人們遲來的承認，

包括自主權、身分及「文化」；而這些自主權、身分及「文化」本身就如小說一樣是虛構的，可能產生只要不承認／不看到對方，就可以讓對方消失的信念；或至少就作為主體而言，它的自主權是否允許是需要認真對待的。因此，無意識裡「白人」至上的那些人，他們只要經由目光的移動，依自己的選擇傲慢地決定是否要看看對方，就足以摧毀「有色人種」，因為他們不值得當作完整的人類主體。於是，剩下的也就只有刻板印象、偏見、貶低等等，而這些就是白人要給予黑人、而黑人也只能接受的唯一的鏡映形式。幸有艾里森的睿智，我們現在知道，對獲得鏡映的渴求創造出了一種自體（系統），這系統將種族垂直區隔開來，無法有任何橫向的相互性。任何認為可以讓種族問題消失的理念，都可能在與有色人種互動時就會啟動這個不被看見的情結最陰險狡詐的面向；該理念果真也創造出一個關於不被看見的真實神話，以致於世界各地的有色人種隨時要提高他們的意識並出聲來持續反駁。這情形反映出在做為主體的人類（接受屬於自己的現實）和他者的現實（彷如平等與合法的他者）之間關係的崩潰。在溫尼考特所謂的生活在心理「幻想」裡，不被看見的神話反映出這個奠基在無意識敘事上的關係世界：精神分析試著揭顯的認同、投射，以及主觀感知到的愛恨客體；這些無意識的扭曲造成了個體只能透過自己主觀的感知方式來看見現實中的他者，於是隱微地引領著個體如何真實地「使用」那些「客體」來達到主觀的目的。當這樣的歷程主導著一切時，我們就無法客觀地感知與評估任何的「他者」；剩下的僅僅是自體的延伸，或如同科胡特（Kohut, 1984）所說的，只要發現有需要，自體客體（self objects）就會被排除出去（頁185）。這導致了同樣是

文化幽靈：歷史已經看不見的傷，為什麼還是我們生活中的幽靈？

主體夥伴（每個人都是擁有自己權利的實體，擁有相同的權利滿足自體的需要）的人類們，彼此之間的相互性出現了驚人的崩潰，而且，不只是促進文化合作所需要的充分接納的相互依賴不復存在了，甚至經常出現違逆行徑和復仇暴力的惡性循環。

在文化／政治脈絡中不被承認／看見的這個議題，是某些美國非裔觀察家先驅在南北戰爭後就提出來的。社會學家杜博依斯是一九〇九年創辦全國有色人種促進會（National Association for the Advancement of Colored People, NAACP）的其中一人，他認為身分認同和獲得承認等議題，既是美國種族主義的核心問題，也是緩解這一議題的關鍵。而強納森・弗拉特利（Jonathan Flatley, 2008）從這位社會學家開創性的著作出發，再加上了精神分析的理解：

只要構成這凝視（gaze）的這些平常「他們」，或這些已經抽象化的「看著我的人」還是必然的想像，我們就可以推論，在凝視形成的過程中，沒有比他人拒絕給予的目光更強而有力：那些個體所渴望卻無法獲得的目光。這些拒絕的目光不僅是我們最容易注意與記住的，也是我們最念念不忘的，恰恰因為這是我們匱乏和懷念的。因此，若將佛洛伊德（和拉岡）的說法稍作修正，我們可以說，我們所失去的愛的客體，不太會於沉澱時形成自我，它們大多經由結合而形成凝視。我們的（身體的）自我、我們的自我感，這一切的形成都是根據我們想像中那個錯失的他者的形象。或者，更準確地說，正是我們想像中確實呈現的意象，和我們希望能被呈現的意象這兩者之間的差異，使得這個本來可以看見的意象，在這裡因此變得至關重要。我們永遠都在努力嘗試生產出自己的意象，好

讓那個失去的、缺席的他者可以看見我們；這麼做是想要藉此重新獲得這個客體，更是要讓我們想像或幻想中的完美交流得以成真。（頁125）

美國歷史小說《白宮第一管家》[18]描繪了賽西爾・蓋恩斯（Cecil Gaines）的人生。他在美國社會發生巨大變革和動盪的三十多年裡（一九六〇年代迄今），擔任過八位總統的管家。這一時期跨越了民權的巨大改變，以及越南戰爭前後的衝突，而且許多改革變化依然持續至今，像是同性婚姻的承認、男女同工同酬、移民政策改革等等需求。這些歷程除了包括公民（平等）權利等相關效應之外，也與人類受到承認／看見的需求有關。在電影的開頭，蓋恩斯在接受這份工作的面試時被問道：「蓋恩斯先生，你有任何政治意識嗎？」他回答：「沒有。」面試官接著回答：「很好！在白宮裡，我們不允許任何人有政治意識，你要充耳不聞、視而不見；做好你的工作就可以了。」這種互動，具體呈現出在互為主體的承認／看見中，所需要的那種清楚意識的、相互的、辯證的，以及主體間性的關係建立是缺失的。白宮第一管家依舊是說話的人所創造出來的。「不允許任何人有政治意識」這種說法，讓政治的世界及其中有關平等和承認的所有要求，永遠滯留在文化陰影中，而不會反

18　譯註：《白宮第一管家》（*The Butler*）是二〇一三年上映的美國歷史劇情片，根據尤金・艾倫（Eugene Allen, 1919-2010）的真實經歷改編而成。一九五二年，三十三歲的艾倫進入白宮擔任侍從與管家助理，負責洗盤子、整理櫥櫃及擦拭銀餐具等工作，多年後成為總統的貼身管家。艾倫第一次為公眾所知，是由於《華盛頓郵報》於二〇〇八年總統大選落幕不久後刊載的一篇文章〈一名受本屆大選服侍的管家〉（A Butler Well Served by This Election），此文以美國種族關係的變遷和艾倫服侍過的諸位總統為背景，來敘述艾倫的人生。

　文化幽靈：歷史已經看不見的傷，為什麼還是我們生活中的幽靈？

映在蓋恩斯和歷任總統關係設定的權力裡，這樣的關係像極了發生於街頭上（如電影中的背景）努力爭取的那些遭到邊緣化與排外的主體性。這樣的分裂，在電影中產生了強而有力的張力。

意識中的這種分裂，正是許多美國非裔文學所在的維度。想像拉爾夫・艾里森的《不被看見的人》（1956）、杜博依斯的《黑人民歌的靈魂》與《面紗》、弗朗茲・法農的《黑皮膚，白面具》（1952）[19]，當然還有童妮・摩里森的《寵兒》（1987）；《寵兒》作者在這本小說裡透過代間的文化情結，向我們展現了她是如何透過奴隸制度，「看見幻影的歷史主體，同時想像談話、感覺及習慣裡的具體和矛盾的一切。」（Gordon，2008，頁 96）再次地，缺席的主體性依然困擾著當下。「鬼魂並不只是一個死去或消失的人，而是一個社會形象，而且研究鬼魂將會走向一個稠密的定點，在那裡歷史和主體性打造了社會生活。」（頁 8）

在我先前的論文（2000）中，我對不被看見這個概念有個潛在的想法，也就是從觀察個體的心靈或文化層次諸多的無意識動力開始著手，而這無意識隱含了已經內攝的缺乏承認／看見和缺乏相互性。這讓我提出了一個內隱的假設，那就是：無意識或前意識的一切其實也包括了群體功能運作的地方，其中涵蓋了文化、社會及政

19　譯註：弗朗茲・法農（Ibrahim Frantz Omar Fanon, 1925-1961），法國作家、散文家、心理分析學家、革命家。他於非殖民化與殖民主義的精神病理學的研究有成，成為二十世紀具影響力的思想家之一；他也是近代最重要的黑人文化批評家之一。他以黑人的角度探索非洲，讓非洲研究受到西方學界的重視。法農在法國期間，完成了《黑皮膚，白面具》（*Peau Noire, Masques Blancs*，1952，台北：心靈工坊）一書，書中道盡身為黑人知識分子在法國的境遇。在阿爾及利亞行醫時，法農則完成了《大地上的受苦者》（*Les Damnés de la Terre*，1961，台北：心靈工坊），書裡深度探討阿爾及利亞人遭受法國殖民的痛苦。在過去七、八〇年，他的作品啟發了不少反帝國主義的解放運動。

治的力量，為我們打造出情感生活，因而也塑造了我們每天行動所依據的無意識。我的希望是：若對個體心靈中、尤其是在一對一的關係裡所存在的文化情結進行分析歷程，將能開啟可以反思的潛在空間，並從文化所造成的無感過渡出來，開始拒絕接受他者真實夥伴的人性，即便我們希望不要這麼做。

在關於不被看見的論文中，我描述了一個夢：我被叫去為三位美國非裔男性長者擔任諮詢顧問，他們工作的監獄所指導的囚犯大多數是黑人，三十歲以下的。這三位長者分別為（1）美國黑人心理學家學會的第一位美國非裔主席，（2）近期被任命為美國最高法院大法官的克拉倫斯·托馬斯（Clarence Thomas）[20]，以及（3）我的父親。他們一直努力要幫助人，但工作似乎卡住了，而我因自己所學的是榮格取向，而被叫去為他們諮詢。他們之所以選擇分析心理學取向的諮詢師，是因為他們意識到，他們社會／政治取向的工作方式，對於這些無意識「態度」特別明顯的年輕人顯然是沒有什麼幫助的。他們能夠意識到這一點讓我十分敬佩；然而，社會／政治的脈絡是他們諮詢的重點，因此我必須加以處理。在他們所關注的重點中，有一點是讓我耳目一新的，就是他們的活動將我所介入的重點——由精神分析康復工作中的主要偏見，以及對於純粹心靈內在和人際關係之動力的強調——轉移到這些囚犯可以表達出自己無可救藥的文化脈絡上。我意識到，這種對於更大脈絡的關注，

20　譯註：克拉倫斯·托馬斯（Clarence Thomas, 1948-），美國法學家。一九九一年由老布希總統提名，擔任美國最高法院大法官，是繼瑟古德·馬歇爾（Thurgood Marshall, 1908-1993）後第二位非裔美國人大法官，也是第一個於二戰戰後出生的大法官，屬於美國最高法院大法官中的保守派。

對於個人執業的個別精神分析（我白天的工作）為主的志願臨床機構，可以帶來足夠的潛能來改變我們對臨床歷程的傾聽方式。雖然我從一開始就明白他們更偏向社會學的方法，可能可以糾正我在自己所學的領域許多有關臨床現象的主流思考，但因為他們邀請我為他們的啟蒙做出貢獻，我必須問問自己，分析取向，特別是榮格取向的分析方法，還要再多加些什麼？

　　經由六〇年代美國非裔心理學家、七〇年代女性主義心理學家，以及八〇年代同性戀心理學家的諸多努力下，我確實意識到，僅僅觀察文化對個體的苦難和自我毀滅所帶來的影響，可能會忽略個人的情境對個人發展中產生阻礙的這些情結之形成所扮演的角色。儘管如此，我還是因為這個的夢境而感動，而且我在早年曾致力於推廣文化敏感之心理治療（culturally sensitive psychotherapy），如今又回到這一切的核心，也就是：若將關注的焦點放在明顯的個體上，往往會忽略背後其實有著更大的群體對個體心靈所造成的影響；這更大的群體不是將個體病理化，就是將個體誇大膨脹而成為這種犧牲的超越者。這個我所意識到的問題，成為支撐我繼續走下的決斷力；我希望能藉由英雄一般的努力，走向文化陰影的修通歷程。對我來說，從內在的心靈中看見外在的社會學，並且理解個人面和文化面之間的這種關係是一直持續存在、不能透過「意識到」就簡單地消除的這些領悟，顯然是指出下一步就是要更有效地討論：文化在我們所有人無意識中的位置。當然，每個人似乎都「知道」這一點，然而很少人想出可以在這一知識裡有所作用的語言。再一次地，我必須問問自己：分析心理學，這個建立在個別心理治療上的學科，還有什麼可以貢獻的呢？

我對文化情結的研究就是想找出這個問題的回答。這個回答與我在夢中受到召喚、去幫助這些為受囚人們工作的長者們提供諮詢有關。這個夢幫助我、讓我的臨床工作得以從未能解決之文化議題的集體思考牢籠中，釋放出來；我於是明白，如果要為他們找到治療方法，還需要更多想像力，我因此創造了這個新的術語：幻影敘事，這詞代表的想法是想要超越我們現在已經熟悉的文化情結。而文化情結是我在二十多年前引進的概念，後來在榮格心理學派裡已變得相當受歡迎。現在我想透過幻影敘事這觀念，試圖讓個人無意識和群體無意識中的文化陰影與個人陰影兩者間的相互關係可以更為明確。而受自己真實志業的夢想所召喚後，我要提供的就是建構這諮詢的一切。

　　我接著要展現的，是我的諮詢將會帶我走向何處；也就是說，讓那些內隱在我們所有人身上作用的種種力量，變得更加可見。這些力量存在於我們自身文化情結最常匯聚的部分；文化情結一旦匯聚了，就會開始自主地運作，形塑著個人的行為和社會態度。我發現有三種幻影敘事在我們文化情結的背景脈絡中隱微地運作著，因而將文化情結的意識形態加以形塑。我將這些敘事稱為「幻影」，是因為它們的運作十分精微，但我發現可以透過本書的各個章節，將它們區分為（1）代間傳遞；（2）集體陰影歷程；以及（3）社會共享的苦難。這三種分類並不能假裝已經涵蓋了終究可能影響文化情結的所有因素，但確實提供了一種方法，幫助我們對於這些跨越個體心靈、國家政治以及時間的種種情結，去追蹤它們的內在力量。在這本書中，我透過不同的脈絡來發展這種洞察力；在這些脈絡裡，文化情結的一切內隱力量分別在個人、稍大的群體和稍小的

機構分別運作著，最後再以精神分析師的訓練中所獲得的警誡教訓作為結束，而這一點同時也是我在自己人生中種種省思的起始點。

將這一整圈簡單說明以後，回到最初所看到的：這些讓他人對某些人來說是看而不見的歷程，本身就是不被看見的，因此我在這裡想強調的是，我是經由相當審慎的思考後，選擇將這些將預先決定文化情結之匯聚的內隱心理完形，稱之為幻影敘事。幻影一詞可能不免讓人聯想到漫畫和音樂劇對陰影的描述，而且顯得不夠精神分析（儘管亞伯拉罕和托洛克〔1994〕已經有探討「幻影情結」的先驅研究了），但這個名詞和榮格對語言的要求是一致的，他認為語言對心靈本身孕育出其歷程的方式要做到真正的公平對待：「在描述心靈活生生的歷程時，我審慎而有意地傾向於透過戲劇性、神話的思維方式來加以敘說，因為這種方式比起抽象的科學術語，不僅更具有表達性，也更精確。」（Jung, 1968, §25）

我希望能從心理學的角度為這一切辯護：在我爬梳自己這些有關不被看見與潛伏力量的敘事中，對於目前所思考的文化情結有關的幻影背景，我希望可以藉由這些戲劇性的渲染而更清楚；而正是這一切，不被看見與潛伏力量，形成了本書的主旋律。

文化情結中的幻影敘事

詹姆斯・希爾曼（1987）在他的論文〈重新思考伊底帕斯〉（Oedipus Revisited）提醒我們「伊底帕斯的悲劇和索弗克勒斯這城市（城邦）的悲劇」是必然的結果，而這正是該劇的核心主題。希爾曼也因此對於這個劇本指出了更深層的、幻影般的敘事，將國

王、城市及其人民全連結在一起：

> 然而，我們所處理的不僅僅是王權的象徵意義，而是城邦、人民和個體之間疾病的相互滲透。所有的一切都生病了：個人、社群，還有政府。私領域和公領域是沒辦法分開的。諸神不僅影響個體和家庭，也不只影響人類，祂們還影響著土地、莊稼和牲畜，還有國家制度。一座城市也會因為神話因素而病態了……。諸神就住在城邦之中。（頁 104）

透過幻影敘事來仔細觀察文化情結，讓我們可以看到「城邦中的諸神」，也就是潛藏於群體生活底下的原始層次。這些「諸神」是在群體、制度及個人等等層次的無意識中持續運作的「背景敘事」，將這一切連結到深層的歸屬模式（依戀需求）：個體對群體的認同，以及群體對個體的認同。這些相互連結為文化生活提供了底層的基礎。或者，換句話說，「所有的文明，不論過去或是現在的，它們的存在和持續都要歸功於原型所連結的社會歷程；而這一點在它們持續的文化成就中得以正式地表達出來。」（Dourley，2003，頁 135-36）

亞伯拉罕和托洛克（1994）在使用幻影這一意象時，指出幻影這一概念是要表明「個體內在存在著一個經由幾個世代所組成的集體心理，因此分析師必須在另一個世代的無意識中傾聽這一世代的聲音。」（1994，頁 166）基本上，亞伯拉罕和托洛克試圖描述代間的歷程，包括祕密、未完成的事宜和未解決的苦難等等。托洛克和亞伯拉罕以家庭與家庭之間（interfamilial）這一術語來定義這些

歷程，我則是一方面藉由將他們的幻影概念與文化情結理論連結，來擴大他們所討論現象的範圍，另一方面則是將無意識敘事的概念當作每一個這類情結的意識形態核心。

在我看來，他們有關幻影的概念形成是不同於佛洛伊德有關「古老遺產」（archaic heritage）或「原初幻想」（primal fantasies）的概念，在這些概念裡佛洛伊德強調人類的原始經驗來自祖先所發生過的真實事件，包括誘惑、弒父、閹割等等，也來自他們的先天特質和態度。對我來說，幻影是一種原始的意象，甚至這意象不一定需要具有歷史上的精確，而這意象所表徵的就像佛洛伊德談的顯性夢一樣，是將還沒法有意識地思考之前，所接收到的缺席事物的動力形構、人的意象，以及文化的形構和歷程，加以凝縮而成。幻影的功能運作是在受創傷之文化無意識的層次上。文化情結會將這種不可避免的扭曲，摺入集體的幻影的動力中，而這動力又建構了我們對文化歷程的感知，包括了造成威脅的諸多他者。這種結構建立之所以將幻影視為是適切的，還有另一個原因：因為這一切經常呈現為社會苦難、一再重複創傷的代間歷程，以及持續不變的政治態度，而這一切都嚴重地限制了我們以人性來對待彼此的能力，甚至在自己家庭比較隱私的領域也是如此。

事實上，無論「幻影」的形式為何，都是來自活人的發明。是的，從某種意義上來說，幻影就是為了將對方物化／客體化而存在，即使是藏匿在個體或集體幻覺所形成的偽裝下，我們的內在還是因為所愛客體有些部分的生命遭到隱藏，而產生了縫隙。因此幻影也是一個形而上的事實：徘徊糾纏著我們的不是死者，而是他者

的祕密在我們的內在所留下的縫隙。（Abraham & Torok，1994，頁 171）

因為幻影與所愛客體的失去無關，因此不能視為哀悼失敗的結果，就像那些自帶憂鬱體質或自帶墳墓的個案一樣。這些孩子或後代的命運，註定要透過各種不同類型的鬼魂，來物化這些已經埋葬的墳墓；回過頭來繼續徘徊糾纏的是其他人的墳墓。民間傳說的幻影，僅僅是將無意識活躍的隱喻加以物體化罷了：不可說的事實和所愛的客體一起埋葬了……形成了一種從未能意識到的無意識……這以某種有待確定的方式，從父母的無意識進入了孩子的無意識中。（頁 173）

榮格（1961）也藉由幻影般的情結，展現了一種對心靈的代間態度：

我強烈地感受到，我受到我的父母、祖父母，以及更遙遠的祖先們留下的不完整的、尚未回答的事情或問題的影響。在家族中，往往好像有種非個人的因果關係，而父母會將這種因果關係傳遞給孩子。我總覺得，我必須回答命運向我的祖先們所提出而尚未得到解答的問題，或者我好像必須完成，或許也要繼續先前的世代尚未完成的事務。這些問題很難確定究竟是更傾向於個人的問題，還是更傾向於普世的問題（集體的本質）。在我看來，似乎屬於後者。一個集體的問題如果沒有被承認，往往會以個人的問題呈現，而在個人的情況下，給人的印象可能就會是個人的心靈中出現了某些失序的問題。個人的領域確實受到干擾，但這種干擾未必是主要的，

而很可能是次要的，這種干擾是社會氛圍中無法容忍的變化所帶來的結果。干擾的原因就在那裡，不是從他們個人周遭的環境去尋找，而是從集體的情境中。直到今天，心理治療對這個問題的考量實在太少了。（頁 233-34）

他更進一步指出：

我們離中世紀、古典時代和原始時代等等這一切真正在我們的世界完全結束的階段其實是還很遙遠的，就像我們的現代心靈一樣，其實也是假裝（這一切都已結束）的。然而，我們已經一頭栽進進步的洪流之中，這一切將我們帶離我們的根基越來越遠，同時以更猛烈、更暴力的方式將我們沖向未來……如果我們對父親和祖先們所追求的事物越來越不理解，也就越來越不可能理解我們自己，因此，我們竭盡所能地搶奪個體的根基及其引導本能，這樣個體就會成為萬物中的一個粒子，只受到尼采所謂重力精神的支配。（1952/1967，§265-66）

雖然佛洛伊德、榮格，以及亞伯拉罕和托洛克都試圖描述過去在當下的在場，或者過去／缺席對當下關係的影響，然而我是用幻影敘事這一詞來指稱：

• 潛在空間，由某種面對文化無意識的態度所創造出來，這種態度抱持著也表達了在群體身分認同的創造時充滿發展力的積極歷史動力。這些動力是透過儀式、故事及當前的優先性而敘事

出來的共享事件（和經驗）。幻影代表文化第三者（the cultural third）[21]，成為背景和內容、個人與其群體的情感連結。正如詹姆斯·格羅斯坦（James Grotstein, 2000）所觀察到的：

這個概念讓我們明白，幾乎在每一種關係中，所有參與者果然都會被一種新形成的「惡魔」所「糾纏」。這個神祕的第三實體，也就是關係本身的主體性，到了最後終究會對每一位參與者加以定義、組織、指導、控制、操弄及征服。反過來，參與者們也會發現，自己一舉一動所根據的劇本或編舞，是他們雖然遵循卻是完全不懂的，而且可能困惑自己這些神祕的一舉一動，因此經常將責備投射到其他的參與者身上。（頁169）

• 未經思考的知道（unthought knowns）形成了文化無意識敘事結構的一部分。當我們在心理上將幻影理解為一種意象和歷程時，就構成了「未經思考的知道」（Bollas, 1987）。像這樣的幻影會透過共享事件的記憶，以及儀式和文化敘事的運用，促進集體認同的代間傳遞。用波拉斯的用語來說，這些事件和儀式會是「世代的」客體，它們開啟並且維持住態度、事件及客體的生命力，而這些態度、事件及客體指的是在過去的某一特定群體或個體所經歷的情緒經驗，現在卻是以不在的方式相當地活躍；這一點即是指無意識的群體動力，它們確實「產生」了將會塑造出未來的態度。

21　譯註：文化第三者（the cultural third），指的是在治療室裡不是只有治療師和來訪者兩個人，還有文化作為第三者的存在。

文化幽靈：歷史已經看不見的傷，為什麼還是我們生活中的幽靈？

而文化情結，一旦它們的幻影核心揭露了，就會讓我們認同自己過去的經驗（歷史），明白這一切當下的表現，並且期望未來、期望正湧現的全新歷史的可能性。多角化和全球化所帶來的挑戰與困難，給我們帶來了壓力，讓我們可以找到改變或影響我們文化敘事的潛能，並且體現我們對文化和社會變革所帶來張力的應對能力。另一方面，對文化情結的覺察，可以讓我們在面對社會歷程及制度時，身處更有意識的關係中。我們現在已經看到了這種意識對現今「後現代」世界的變化有所促進，我們必須為文化覺察的價值騰出足夠的空間。

　　然而，這並不是一本談論文化先進性（cultural sophistication）的書，這本書討論的，是如果我們希望這世界在自己集體的歷程中可以真正有效地走向尋求進步的目的，那麼這種先進性必須面對無意識繼續競爭。而幻影敘事這一詞，是我試圖指出，要怎樣才更可以覺察到文化情結在這種背景下是如何運作的──這一切將群體和群體中的個體，他們的知覺、行為、意象（表徵）及情感反應，靜悄悄地加以結構起來並改變。在實驗社會心理學裡，有時將這些背景敘事稱為內隱態度（Banaji & Greenwald, 2013; Nosek, Banaji, & Greenwald, 2002）。

與文化情結和幻影敘事相關的研究

　　一九五四年，美國最高法院駁回了布朗訴托皮卡教育局案

（Brown v. Board of Education）[22]。這個判決不僅讓少數勇敢反抗的人更敢於追求廢除種族隔離的目標，也成為國家的法律，並從兒童開始有家庭以外大群體的經驗時，這些政策也於兒童們的教育中起作用。許多人認為，教育心理學家肯尼斯‧克拉克和瑪米‧克拉克（Kenneth Clark and Mamie Clark, 1939）[23] 的社會心理學研究，在該案中扮演著重要的角色。克拉克（1939）在法庭上分享了他的「克拉克娃娃實驗」（doll studies）。在這項研究中，他和瑪米‧克拉克發現，當他們讓黑人小孩選擇時，孩子們總是一致選擇白皮膚而非棕色皮膚的娃娃。此外，研究也顯示這些偏好是種族隔離政策所造成的，同時指出這些偏好對孩子的心理傷害；而這些傷害源自於我們已經內化的文化與貶低自我的刻板印象，也就是在文化態度的層次上，對種族差異的態度。在我印象中，這是最早證明文化情結的力量對個體自尊造成影響的實驗之一，而且該實驗影響了美國法院的判決，進而改變了美國社會，因此，認同該實驗也證明是具有文化治癒力量的。

五十年後，麥考恩和溫斯坦（McKown and Weinstein, 2003）

22　譯註：布朗訴托皮卡教育局案（Brown v. Board of Education）是一九五四年美國最高法院判定過去有關種族隔離的法律是違憲的，裁定「隔離但平等」的法律原則本質上就是一種不平等，也就是史稱的「布朗訴托皮卡教育局案」（以下簡稱「布朗案」）。這一判決在美國民權史上具有指標性意義，促成種族融合學校的實施。

23　譯註：瑪米‧克拉克（Mamie Phipps Clark），一九一七年出生於阿肯色州；肯尼斯‧克拉克（Kenneth Clark）一九一四年出生於紐約哈萊姆；兩人均在霍華德大學獲得學士和碩士學位。瑪米受過去在一所全是黑人的托兒所工作的影響，決定碩士論文為〈黑人學齡前兒童自我意識的發展〉。不久之後，她遇到肯尼斯，兩人合作擴展了關於黑人兒童自我認同的論文研究。這項工作後來發展成為著名的玩偶實驗，揭示了內化的種族主義和種族隔離對非裔美國兒童的負面影響。兩人於一九三七年結婚，對心理學領域，特別是教育中的種族偏見之批判，和他們那個時代的社會運動貢獻良多。瑪米一九六三年去世，肯尼斯二〇〇五年去世。

等人，在一項名為「童年中期刻板印象意識的發展和結果」（The Development and Consequences of Stereotype Consciousness in Middle Childhood）的研究中，提及他們的實驗結果：「研究的結果支持了我們主要的假設，也就是這些來自遭污名化群體的孩子意識到群體中廣泛擁有的刻板印象時，會遭到間接活化的刻板印象所威脅，讓他們自己的認知表現顯著受到阻礙。」（頁 150）這項對社會認知的研究，「揭露了個體所處的直接環境和更廣泛的文化，對個體（在群體認知下的）內在的偏好和信念有著深刻的影響。」「而在團體認知中，最為顯著的是內隱態度的強度、內隱態度和外顯態度間的結合和分離，以及群體成員對態度和刻板印象的影響。」（Nosek et al.，2002，頁 101）這些認知是內隱的聯想。精神分析師一般會將這種內隱聯想稱為潛意識態度。這些作者在總結這個研究的發現時注意到，內隱認知會自主運作並潛藏於社會行為之下，內隱偏見會比外顯偏見更為強烈，有時候則與外顯偏見相互矛盾：

像這樣的發現反映了人們會因為社會（外在）壓力或個人（內在）的標準，而走向有意識地否認感受和想法。內隱和外顯態度之間的差異，不能因此就認為某一種態度是正確的（或真實的），而另一種態度不是。相反地，它們意味著內隱和外顯的感受和想法在心智上（通常是未被看見的）的分離。（Nosek et al.，2002，頁 111–12）

這項研究的發現，和克拉克夫婦早期的研究結果（1939）是一致的：少數族群的受試者對自己反映出的消極態度，與文化中普遍

存在的態度相同。他們本身的內隱態度，揭露了文化對這些群體所持有的消極態度所帶來的影響，讓研究者得出這樣的結論：「我們認為，內隱態度揭露了個體所處的直接環境和更廣泛的文化，對個體內在的偏好和信念有著深刻的影響。學習的環境就是文化，但知識庫則是個體。」（Nosek et al.，2002，頁112）

巴納吉和格林沃爾德（Banaji and Greenwald）近期的著作《盲點》（*Blindspot*, 2013）裡，大量引用了神經認知的思考，詳細闡述「自動聯想機制」（頁9）。他們將這些自動化的認定稱為「心智缺陷」（mindbugs），因為這些缺陷會影響知覺和記憶；而這些「心智缺陷」則是從我們對各種不同人類群體（種族、民族、性傾向、性別等）的認同作用中發展出來。但比起這些自動化心理機制，更重要的是要意識到，在這相互依賴的世界中，人類這些群體為了生存而發展出權利平等、社會正義，及權力透明等更崇高的原則，因而在這些自動機制和更崇高的原則兩者之間，引發了心理的和社會的張力。在這個心理社會複雜性層面的動態過程中，其中所涉及的心理張力、動力及挑戰，可以透過文化情結這個架構加以辨識出來，並且連結。

這項研究還為集體內攝（collective introjections）的概念提供了實驗上的驗證：人們對自己的認同，往往傾向於文化中對自己身分群體比較負面態度的看法（這一點可參考前面有關克拉克夫婦的討論）。沃爾肯（Vamik D. Volkan）[24] 將這一點標記為「沉積的意

24　譯註：沃米克・沃爾肯（Vamık D. Volkan）是美國精神醫學會終身會員（DFLAPA）、美國精神分析師協會會員（FACPsa）。他畢業於土耳其安卡拉大學醫學院，是維吉尼亞大學榮譽退休精神醫學教授，也是華盛頓精神分析研究所榮譽退休訓練和督導分析師。一九八七

象」（the deposited image）：「沉積的意象就像影響孩子身分和自我表徵的心理『基因』，啟動著孩子必須執行的某些任務，儘管父母或其他照顧者都沒有口頭上表達過這方面的需求。」（Volkan、Ast 和 Greer，2002，頁 36）

這些對群體生活中內隱態度的研究，揭露了有意識和無意識、內隱和外顯態度對群體生活的深刻影響，它們深刻影響我們和他人、和社會設置、和政治生活及文化生活這一切的關係。我們對這種背景動力的意識，往往因為這背景中的刻板印象和認同作用所形成的自動化反應，而遭到限制。

由於韓德森（1990）開創性著作的出現，在榮格分析心理學的論述中，人們將所謂的背景稱為文化無意識。社會科學家則將這個領域稱為社會（群體）認知。然而對於這些不同學科的討論如何銜接起來，恐怕還需要更多的努力，因為這一方假設它是無意識，另一方則認為意識。我自己的答案是：無論個體是如何輕易地用語言表達出來他對群體，並且在群體中與接受這些認知的個人互相分享，我們都要意識到，群體的認知幾乎都是由文化情結所組成的（而不是理性，更不是直接經驗所組成）。群體的認知是一種隱性結構（偏見），建立在幻影敘事之上，並且將這敘事繼續擴展。而

年，沃爾肯成立心理與人類互動研究中心（Center for the Study of Mind and Human Interaction, CSMHI）。CSMHI 將心理知識運用於廣泛議題之中，比如種族對立、種族主義、大型群體認同、恐怖主義、社會性創傷、移民、哀傷、代間傳遞、領導＝追隨關係，以及國際衝突等。他曾榮獲諸多獎項，如美國精神分析師協會傑出成員獎、瑪麗‧S‧西格妮獎、西格蒙特‧佛洛伊德獎等，並多次獲諾貝爾和平獎提名，著有《從殊途走向療癒》、《我們為何彼此撕裂》（皆由心靈工坊出版）等五十餘部作品。二○○七年，沃爾肯創立國際對話倡議組織（IDI），目前是該組織的榮譽退休主席。

文化情結，在幻影敘事的引導下，於是可以透過社會學家喜歡當作非理性的意識來研究與解構的這些刻板印象、認同作用，以及強力表現的態度，繼續進行有關文化無意識的建構活動。分析心理學讓我們能在夢和更為個人的表達中，追蹤這些文化情結是如何出現在心靈中，並找到先前遺失的訊息碎片，才能明白這些文化情結實際上是如何透過象徵來運作，進而改變了個體和群體所體驗到的文化脈絡和文化產物。借用認知科學的架構來說，由幻影敘事所構成的文化情結，就會是集體的內在工作模式（Internal Working Models, Bowlby, 1973, 1988）[25]。然而，這個概念存在一種後設認知，而這極有可能提供我們一個架構得以思考與反省：我們是如何經由無意識的方式接受和傳遞了文化。

更大的世界幻影

　　我們現今生活的世界，彼此之間變得更加息息相關。全球化、

25　譯註：在心理學和精神分析裡，依附理論（attachment theory）最早是由約翰・鮑比（John Bowlby）提出。鮑比的這個看法受到動物行為學家康拉德・羅倫茲（Konrad Zacharias Lorenz, 1903 － 1989）的影響，認為依附是演化留存下來的產物：小孩子一出生就會依賴身邊重要的人（通常是媽媽），藉此保護自己免於外在的威脅，並發展出一套自我和外在互動的方式，以便探索這個世界，同時學習用更有效率的方式來參與社會關係。鮑比把所謂的依附系統稱為內在運作模式（internal working models）——我們會從我們和他人的互動過程中學習，漸漸地形成對自我和對他人的知識（心理學家稱之為基模〔schema〕，亦即與社會互動的準則），做為未來和外界環境互動時的參考。然而因為這個理論偏向認知行為學，而非正統的精神分析，鮑比因此曾經一度在安娜・佛洛伊德的主導下，遭到國際精神分析學會開除，取消精神分析師資格。（編註：關於依附理論的定義出自〈依附理論的起源：我們為什麼會依賴別人——依附理論系列（一）〉刊載於 PanSci 泛科學平台的專欄，作者為貓心。）

民主化、資本化，以及文化逐漸扁平的這一切皆迫在眉睫。就某種意義上來說，我們的世界變得更小，因為從表面上來看，我們更容易接觸到世界各地不同的文化情境和態度。然而，在此同時，我們也越來越明白還有許多尚未解決的差異，尤其是因為代間創傷和衝突而造成的社會、階級及性別差異、經濟上的分歧，以及種族、民族與政治上的不同等等。我們有許多機會親眼目睹這些差異所促成的鬥爭所帶來的各種創傷，同時，我們的世界也籠罩在集體創傷如種族滅絕、戰爭、恐怖主義等等的陰影下。確實，我們這個時代充滿了強烈張力。

這些多重的變化和張力所創造出的母體，往往反映在分析／臨床的情境中，成為層層分佈且複雜的主體間場域，圍繞著相同性、他者性、差異性、歷史效價（valences）、認同、歸屬，以及在尋求認可的驅力中所出現的權力動力（為自己和／或自己所屬的群體獲得資源）。因此，作為世界改變的一部分，在欣賞與瞭解自己文化的同時，我們每個人對自己的文化情結（我們特有的效價）都要相當覺察的這件事，也就變得非常迫切了。儘管歷史上有各種形式的帝國試圖要統一世界，但歷史證明了要做到以下這一點是極為困難的：發展出一種全世界都能同意的意識，還有一股足以幫助我們所有人都能覺察到自己獨特的地方效價，以及源自這些效價之文化情結的抑制性動力。然而，當現在我們能夠以多樣化和多元化社會的方式讓全世界運作時，想像出這樣一種意識將是可能的。如果從後現代的位置來理解這階段的挑戰，我們必然需要好好覺察自己特定的傾向和偏見在當今社會中是如何運作的，以及覺察這些傾向與偏誤是如何透過不予承認和否定他人權利，來服侍權力的動力。文

化情結的理論能夠為那些可以從自我審視、分析言說而受益的人們，提供某種語言去接觸和發展這類型的意識；我相信這些過程對階段人性的轉化有著深遠的價值。

而榮格對我這部分思考的助益，是他這段描述：一種心理態度將會湧現來支持心理上的男性（和女性）在當代脈絡中的運作。這個態度可能是從現代和傳統之間所產生的張力而帶來的結果，或如同山繆・杭亭頓（Samuel Huntington, 1993）[26] 在他經常被引用的〈文明的衝突〉（The Clash of Civilizations）這篇文章所說的：

> 我的假設是，在這個新世界，最主要的衝突根源不會是意識形態或經濟。人類之間巨大的分歧與衝突的根源是來自於文化。不同的民族國家仍然會是世界事務中最強而有力的行動者，但全球政治的主要衝突將會發生在不同文明的國家和群體之中。文明的衝突將會主導全球政治。不同文明之間的斷層線，將成為未來的戰線。（頁22）

儘管杭亭頓的假設受到相當的批評，被認為這想法是意識形態所驅動，相當單一，而且在這相互依賴的世界中無疑是一種文明的僵化觀點（對「一個世界」這古老渴望的當代版本），但他這

26　譯註：山繆・杭亭頓（Samuel Phillips Huntington, 1927-2008），當代頗受爭議的美國保守派政治學家，對台海兩岸的政治有一定的影響。一九八九年，北京三聯書店出版他的《變化社會中的政治秩序》（Political Order in Changing Societies）後，「新權威主義」一時成為知識分子辯論的焦點。一九九三年提出「文明衝突論」，一九九六年《文明的衝突和世界秩序的重建》（The Clash of Civilizations and the Remaking of World Order）出版，再度引起關注。他主張二十一世紀國際政治的角力在於文明的不同，而非國家之間。

個觀點確實捕捉到某些凌駕於文化情結衝突之上的認同、歸屬和價值觀等等有關的全球潛在議題，從而造就了歷史。這意味著一種世界自性（world Self）的意象，就如同榮格「一體世界」（Unus Mundus）的煉金術異象一樣，可以將各種文化的個體化整合到一個擁有多樣性空間的共同意識中。

正是因為如此，與全球的這些幻影敘事的關係正慢慢浮現中，這本書當然也是這種獨特意識的產物。

現代意識的本質，不可避免地由工業生產的技術面向所構成。現今的個體，將現代的技術和官僚主義這種事事皆工程的人格精神（engineering ethos），轉移到個體的個人意識和情感生活中。這些有著機械性、可再生產性和可測量性特色的人格精神，在意識中生產出了抽象能力、功能之合理化和工具性的特質。（Homans，1979，頁 201–2）

如果「原型是傳統的結構」，那麼文化情結就是透過根植於民族、種族和性別的表現中這些文化的客體、態度及信念，來建構出文化產物，並且讓我們可以獲得這些文化產物的動力。「因為如此，他們的存在和他們對同化的需要，構成了榮格心理學中與現代化反向而行的維度；這些是根植於古老過去的象徵，統一了現代的意識，克服這種無家而流浪（homeless）的情況。」（Homans，1979，頁 204）

個人層面如果能與原型歷程形成關係，將會促成「自性的形成，一種存在於諸多制度和角色之外的本質而個人獨有的核心：

簡而言之，就是一種超越制度的自性。」（Homans，1979，頁204）直到今天，群體或集體或許能意識到本身局限性的能力，但也僅限對文化差異性的覺察。我認為，如果將形成這情結意識核心的幻影敘事納入考量，並透過這一點來發展文化情結的理論，將可能在集體當中發展出一種意識，也因此能開始處理自身深層和本質的集體性。個人即是真正個人的這一假設的轉移，也可以對我們目前「個人即政治」的概念進一步重塑。也許這樣說更真實：個人的無意識是具有政治性的，而且我們要先承認這一點，此政治性才能讓個人真正滿意。因此，身為研究文化情結的心理學家，我將強調個體和群體間在關係上存在著不可避免的相互性，以重新編排從個體心靈到群體心靈的這個前進。鑑於全球戰爭的可能，以及像全球暖化這種更為隱密的幻影，我認為，若我們人類這個物種要繼續生存下去，這種轉移就是必要的。這種轉移的情緒核心，是要發展出在相互尊重的關係中能夠看見他人之存在的意識，然而要做到這點，我們要承認包括自己在內的每一個人都有自己的幻影，而且這幻影是從一個我們堅持自己是尊重他人的群體中湧現出來的。

身兼社會哲學家和批判理論家的阿克賽爾・霍內斯（Axel Honneth, 2003），於他的著作中補充了我的結論，並且幫助我思考有關人類需要歸屬感和身分認同的這一點，以及想要獲得認同的驅力與政治歷程的關係；這兩者間的迴路循環，強調一種互為主體的、個人、社會及政治間的連結性。霍內斯將想要獲得認可的努力，轉移到不平等的消除與避免不敬的情況發生上。在談到認可時，霍內斯繼續這樣說：

這一切，我們首先要面對到的……是文化群體為自己的價值信念和生活方式，尋求社會認可而作出大量的政治組織的努力……。在高度發展的西方國家中，女性運動、民族弱勢和性少數群體對於不尊重和邊緣化的抵制日益增加，而這些不尊重和邊緣化是根植於制度化的價值結構，也就是專為白人、男性、異性戀公民被理想化的特質量身定做的價值結構。因此，這場奮鬥的目標在於，透過對刻板印象和歸屬感的克服來改變一個國家的主流文化，並且到最後也能讓自己的傳統和自己的生活方式贏得社會的認可。（頁 117-18）

瑪麗 - 路薏絲・馮・法蘭茲（1976）在談到榮格的著作中，以全人（Anthropos）[27] 作為人類的全新意象時呼應了這種態度：「將個體的內在自性與全體人類的自性結合一體的象徵」（頁 xi）。她說：「我們不知道，當大多數的人意識到這一點的時候，社會將會變成什麼樣子；但只有在人的權利（les droits de l'homme）〔即人權〕受到保障時，這樣的情況才能實現，而個體也才能夠將自己全心全意地投入到這任務中。」（頁 xi）

文化情結的處理歷程，以及深嵌其中的幻影敘事，永遠會攪動、並侵擾我們的生活；然而一旦沒有了這種更基本的人性製造歷程——這種每人原本都有的歷程，讓我們相互認同的人性，也就是

27　譯註：在諾斯底主義（Gnosticism，或譯為靈知派、靈智派）的思想傳統，Anthropos 指的是第一個人，也就是依著神祇的形體所創造出來的人。Anthropos 這個字出自於希臘文，直接了當地說就是「人」的意思，中文翻譯要考慮前後文。這裡暫時依諾斯底主義的傳統翻譯成「全人」。

存有他者的意識——這種處理歷程也就沒法繼續下去。如果我們明白在幻影威脅我們相互連結的地方，人類還是可以彼此連結，那麼透過超越民族、種族及文化之差異的方式，就能開放與激勵人類的行動。

簡而言之，從社會互動中發展出來的自性，在互為主體的歷程中，可能會浮現在意識裡，也可能會成為無意識，但這一點需要與幻影中對超越自性的渴望建立關係，否則只會退行回到我們彼此相處時所熟知的那種陰影現象中。

文化層次的幻影

文化脈絡中的幻影，是代表代間力量的一種依瑪構，也是理解心靈歷程的一種方式，並與下列幾點有關：（1）透過連續性的提供來關注歷史和時間；（2）與血緣力比多[28]（種族、民族、宗教、團體歸屬）建立關係；（3）在人類家族系統和／或特定群體中，對歸屬和身分認同的需要加以居中調解；以及（4）將那些傾向無家流浪之情結的方式來運作，因而產生不可思議的經驗的文化情結加以組織起來。文化情結以情感和意象，為幻影創造了敘事的容器。幻影代表著群體的原型精神，這一點參考辛格（Thomas Singer, 2003）所謂的「群體精神的原型防禦」。而幻影的湧現與下列所述有關：

28　譯註：血緣力比多（kinship libido）是榮格形容力比多的同族婚姻面向，它將家庭維繫在一起，但會產生亂倫傾向，需要平衡自我的外族婚姻。血緣力比多成為原型力量，是人和人之間必然的連繫力。

　　　　文化幽靈：歷史已經看不見的傷，為什麼還是我們生活中的幽靈？

是自然的精神，但不是相對應於易受暗示、缺乏批評、恐懼、迷信傾向和偏見等那些心靈因素——總而言之，所有的這些性質都可能讓幻影附身在心靈之上。儘管所謂的自然是將心靈去除掉（de-psychized），但心靈會滋生出惡魔的情形還是和往常一樣積極地運作著。惡魔並沒有真正的消失，僅是以另一種形式存在著：它們成為無意識的心靈力量。（Jung, 1945/1970, §431）

我以榮格這一整組複雜的思考，來描述一種在集體層次上運作的動力類型，它產生了需要加以相會、承擔及合作的歷程（態度、偏見、歧視等等）。我們的身分認同是在這些創造出來的情境中形成的。幻影這一名詞，是我用來形容在歷史歷程中，以及在形成個體和群體身分認同的歷程中，這一切是如何被呈現出來的。

在梳理榮格心理學中所謂的象徵、意象及情結（個人和文化）之間的差異時，我意識到幻影的概念可能會造成某種困難。就算是最好的情況，「榮格的研究方法還是有相當的要求，因為這研究方法允許心靈現象的湧現，並且迫使人物形象進行對質而使無意識得以表現出自己。」（Humbert，1996，頁 47）更進一步來說，「心靈及其在身體、社會及宇宙中的根基，是沒有辦法完全地掌握意識的。而榮格所提出的分類，像是『他者』的意象，是關係的中介物。」（Humbert，1996，頁 47）。幻影是這樣的一種意象，它中介了群體和個體在個人、歷史及文化經驗中，與某種在場的關係，而這些是鮮少被人知道與闡明的。作為意象來說，幻影是一種鮮活的實體，在情感上影響我們，並且「實現並組織了一種意義，具備了所有事實的特性。」（Humbert，1996，頁 39）

以下是強調代間歷程和幻影的一些關鍵要點：

- 世代的議題是包覆在多個情結中，而這些情結隨著時間持續運作著、沒有心理學裡的那些發展階段。然而，世代的歷程雖然與時間有關，但可能是沒有層級、非線性，也是非理性的。
- 世代的歷程往往在特定的歷史框架中，經由特定的文化象徵和儀式，受人們體驗為個體和群體歷史所提出的要求。
- 孩子之所以成為傳遞祖先歷程的中介者，是透過前語言層次所進行的認同作用而達成的社會化；換言之，就是透過情感狀態裡內隱而無意識層次的方式。
- 世代歷程的傳遞是經由心靈結構，而不單只是記憶的痕跡。
- 缺席、不在場的出席、空洞、負向的身分認同，全都可以是「心靈物質」的具體呈現。這些實體是來自群體生活的第三領域，透過文化無意識來表現。如果從正向來看，這是溫尼考特所謂的「過渡空間」；而負向來看，這是死亡的空間，是逐漸封閉和死去的過去。
- 做為文化情結再現的這些幻影和意象，「通常是不被看見、被忽視，或者是多數人以為已死去與消逝的事物。它們顯現了『那些不被看見的事物是存在的證據』。」（Gordon，2008，頁 194-95）。幻影是在群體層次缺失之事物的意象，但與眼前當下的情境有著動力上的關聯。

總結性的評論

　　讓我再一次闡述比昂的觀點：我們都是社會動物，因為如此，我們也是這個世界中的參與者，同時以個體的方式和群體成員的方式參與。群體擁有自己的動力和合一性，是獨立於個體之外的，但卻又與每個人的個體性（individuality）神祕地鏈結著。我們是透過與另一個維度的關係、透過與這維度的相遇來發展；然而我們既生活在這個維度之中，也生活在維度之外。這個關係，是由文化情結所組成的。

　　在政治創傷所造成的這些社會苦難有關的歷史脈絡裡，極點的兩端（個體和群體）之間會在真實時間裡表現出關係的相互動力；關於這一點，文化情結是一種可以加以理解的方式。感受、記憶及意象等等的結構，構成了內在和外在的風景，就好像戈登（Gordon, 2008）[29]在描述路易莎・瓦倫蘇埃拉（Luisa Valenzuela）[30]、童妮・摩里森和莎賓娜・史碧爾埃（Sabina Spielrein）[31]時所說的：「（他們）擁有的靈視，不僅能看到看似不在那裡的事物，也能看到不在那裡的事物激動的在場。」（頁

29　譯註：這裡的論點引用自加州大學聖巴巴拉分校的社會學教授艾弗里・戈登（Avery F. Gordon）《鬼事：幽靈徘徊與社會學想像》（*Ghostly Matters: Haunting and the Sociological Imagination*）。本書論述過去或令人困擾的社會力量是如何控制現在的生活；其方法往往與大多數的社會分析家所設想的不同，而且更為複雜。這本作品描述我們的生活受到種族、性別和階級彼此之間複雜的交錯團團包圍，同時精進了我們對於種族、性別和階級的思考。

30　譯註：路易莎・瓦倫蘇埃拉（Luisa Valenzuela）一九三八年生是阿根廷小說家，作品具實驗風格。她於一九七〇年以代阿根廷獨裁為主題而寫的作品，結合了她對獨裁統治的批判，以及對父權社會組織形式和人類性慾與性別固有權力結構的考察。

31　譯註：莎賓娜・碧爾埃（Sabina Spielrein, 1885-1942），女醫師及精神分析先驅，是榮格的個案、學生及同事。

195）。因此，從文化情結到幻影敘事的移動，是朝向意象和歷程的移動，這些意象和歷程集結在一起好讓心靈有生命力，以實現「這樣的雙重接結：在文化無意識裡接合上個人的歷史，以及在個體的無意識裡接合上文化的歷史。」（Foucault，1973，頁 379）這社會的世界和我們自己，也就隨著我們而被吸引進了另一種想像中主體間性模式的存有。而隨著代間的歷程逐漸增加，樹葉日益濃密，我們知道根莖會往地底延伸得更深。在這樣的情境中，人們很容易感到困惑與迷失。

本書的重點在於，集體是如何透過情結展現於群體之中。群體和個體以各種意識的變動，與創傷、發展的挑戰和自主進行的功能運作、一起生活。榮格的主要貢獻在於引介了太古意象（primordial image）（或原型）（Jung，1960／1981，頁 4–6），但在文化變遷中是否潛藏著原型的構建，而且一開始是以文化情結的方式呈現出來的嗎？在群體的發展不受改變的情況下，文化變遷可能發生嗎？而幻影預顯了文化變遷的形象嗎？

對文化情結的覺察能夠讓無意識工作發生在群體的層次上，或者，就如同格哈特和斯威特南（Gerhardt and Sweetnam, 2001）對波拉斯著作的評論所說，我們可能「與世界建立起內在的深入關係（rapport）時，同時將我們的主觀性加以複雜化／情結化（complexify）」（頁 6）。複雜化以後的意識需要一種主體間性（intersubjectivity）和主體內性（intrasubjectivity），如此才可能有對他者作為主體的重視與承認。

幻影是種象徵的意象，它在群體無意識的層次上架構起情感活動，以呈現出與個人和群體有關的那些不在場／在場的形象、歷程

和動力。幻影的本體論是模稜兩可的，既是在沉默中在場，又是不在場且實際上是不真實的，然而，從心靈上來說卻是真實的。幻影將過去當作現在來承載；幻影從鮮活的歷史中對我們提出了要求。（參見德希達的《馬克思的幽靈》。在這本書中，幽靈徘徊學取代了本體論。）

最後，讓我們將文化情結的概念加以延伸，讓文化無意識得以在文化的生活層面，向心靈充沛的活力敞開。

幻影之旅：
朝向非洲的旅程——
黑人和白人內在的文化
憂鬱

我們的血浸透在泥土裡，我們的骨頭散落在整條橫越大西洋的行路上，就好像韓賽爾的麵包屑[1]，標記著我們回家的路。

——奧古斯特·威爾森（August Wilson）

《海洋寶石號》（*Gem of the Ocean*，2006，頁 38）

榮格的情結理論，以及這理論的「成熟表現」，是在他五十歲回到非洲時才出現進展。在這趟旅程，榮格所發現的是他存有的理由（raison d'etre）：他的神話，或是有關人類生命的目的，以及有關他的生命作為意識創造物的目的。關於二十世紀早期歐洲和非洲之間的殖民關係，榮格（1948/1980）將他失落的世界描述如下：

透過科學的理解方式，我們的世界失去了人性。人類在宇宙中感到孤立。他不再融入大自然中，也失去自然事件中的情感參與，即便這對他來說，至今還有著象徵的意義。但雷聲不再是神的聲音，閃電也不再是他復仇的武器。河流裡不再存在著精靈，樹不再代表人類的生命，蛇不再是智慧的化身，山裡也不再隱藏著大惡魔。萬物，包括石頭、泉水、花草、動物等等，都不能和他說話，而他也無法和萬物說話。他不再擁有能讓自己認同野獸的叢林靈魂了。他與自然的直接溝通永遠消失了，而它所產生的情緒能量也已

1　譯註：出自《格林童話》裡的〈糖果屋〉，又譯〈漢賽爾與葛麗特〉（*Hänsel und Gretel*）。漢賽爾與葛麗特是貧窮伐木工的小孩。伐木工的妻子，也就是小孩們的繼母，由於害怕食物不足，說服伐木工將小孩帶到森林，並將他們遺棄。漢賽爾與葛麗特第一次事先收集了小石頭，把石頭扔在地上，這樣他們就能沿小石頭找到回家的路；第二次，他們沿路灑下麵包屑，不料森林中的鳥兒吃掉了所有麵包屑，漢賽爾與葛麗特在森林中迷路了。（故事內容出自網路資料。）

沉入無意識之中。（§585）

　　我們在榮格的描述中，可以聽見對逝去世界的渴望。也就是說，我們可以聽見榮格的文化憂鬱（cultural melancholia）。

　　在二十世紀的精神分析和分析心理學的描述裡，歐洲國族的自性／自體建構成當代的一方，對應於原始的、被殖民的他者。這種被殖民他者的想法，表現出對黑暗大陸裡有一群人未開化、原始、沒有時間觀念的幻想。在精神分析的影響下，榮格將他對連結感失落的關注，選擇放在內在而不是政治上，儘管他也認為這是集體的失落。這種對個體內在的關注，正如澤瑞斯基[2] 所描述的（2005），這觀點表達了歷史上對特殊性和內在性特有的經驗，而社會學上又是如何立足於工業化與都市化的現代歷程，以及如何立足於家庭的歷史（頁 5）。至於，個體的社會條件跟他或她的主體性之間的關係，無論如何，純粹只是理論性。這種對內在的關注，對社會促成內在的繁盛生活所需要的政治、經濟及文化等等這些先決條件，全都忽略失焦了。

　　榮格一九二五年非洲之旅時親見的早期殖民遺跡，直到今天仍舊以文化情結的形式，存在於許多人的集體無意識當中。賓亞萬加・瓦耐納（Binyavanga Wainaina）在一篇標題為〈如何描寫非洲〉（How to Write about Africa，2005）的諷刺短文中，指引了一

2　譯註：澤瑞斯基（Eli Zaretsky），一九四〇年生，紐約新社會研究學院的歷史教授，繼承了法蘭克福學派思想傳統中對精神分析和馬克思主義兩者關係的興趣。他關注的是二十世紀文化史、資本主義的理論和歷史（尤其是其社會和文化維度），以及家庭歷史。最近一本著作是《政治佛洛伊德》（*Political Freud: A History*, 2015）；他的《靈魂的祕密：精神分析的社會史和文化史》（*Secrets of The Soul: A Social And Cultural History of Psychoanalysis*）有簡體中文版。

些方向：

　　一定要在你的標題中使用「非洲」或「黑暗」或「薩伐旅」（Safari）等字詞。次標題可能包括……「剛果」……「影子」……

　　絕對不要在你的書封上，或者書裡面，放上一張精心調整過的非洲人照片……

　　在你的文章中，將非洲當作好像是同一個國家來看待……

　　要確定你充分展現了非洲人靈魂深處是如何擁有音樂和節奏的……

　　有關禁忌的題材：日常的家居場景、非洲人彼此之間的愛情……

　　你的非洲角色要包括赤裸上身的非洲戰士、忠誠的僕人、占卜者和預言家，以及活出隱士光芒的古老智者。或者腐敗的政客，無能的一夫多妻導遊……

　　而且一定要包括飢餓的非洲人，她身體近乎赤裸地在難民營遊蕩，等待西方社會給予的憐憫。她懷裡孩子的眼皮和肚皮上都有蒼蠅，而她的乳房扁平又空虛……

　　還有糟糕的西方角色，可能包括了保守黨內政部長的孩子，阿非利卡人……

　　另一方面，必須將動物當作非常複雜的角色……

　　如果你不提到非洲有燈光，讀者們就會望而卻步。還有日落。非洲有一片廣闊的天空。寬廣的空間……非洲是一個有著「寬廣空間」的地方……

書的最後，一定要用曼德拉（Nelson Mandela）所說的某些關於彩虹和文藝復興的話來結尾。（段 1-5, 7-10, 12,14）

我認為榮格前往非洲的旅行，是受到榮格他自己與渴望和鄉愁這兩者的關係而驅動的：主要是他與失落之間的連結——無論是個人還是文化層次上的——而他的旅程表現出他與文化憂鬱的關係。**憂鬱**是一種情緒狀態，在這情緒裡，當事物在失落以後，會隨著時間而回歸到心靈的生活，然而這失落卻沒有被同化進來。如果將榮格的渴望視為潛在憂鬱的映照，那麼我將可以這樣描述：當前的我們與非洲的關係失落的體驗，有著一定的連續性。

與榮格所體驗而表現出的失落相比，非裔美國人意識中有關失落的關係，揭顯了一種相當不一樣的旅程意象：兩種不同的與失落的關係、兩種不同的憂鬱——一種黑人的，一種白人的。

奧古斯特·威爾森在他的戲劇《海洋寶石號》中，描寫了二十世紀初美國城市背景下的黑人生活。該劇的核心人物是一位有著強烈鮮明特質而年長兩百八十五歲的女族長，她回憶從乘坐奴隸船開始的這趟旅程，先從非洲出航，途經「中間航道」[3]，一直到二十一世紀她在美國的生活。該劇情節圍繞著一個名為公民巴洛

3　譯註：中間通道（the Middle Passage）是大西洋三角奴隸貿易的其中一個階段，數百萬被奴役的非洲人經由這座通道被強行運送到美洲。歐洲白人的船隻從歐洲離開前往非洲市場（三角形的第一邊），他們用一些製成品來換取奴隸；非洲國家統治者的俘虜來自其他政權或部落的成員，這船因而成為奴隸船，在惡劣的條件下將人，男女分開，當作貨物運送，穿過大西洋抵達北美洲東北海岸（三角形的第二邊，也是中間通道）。淪為奴隸的非洲人遭出售的收益，隨後用來購買生皮、煙草、糖、朗姆酒和原材料，這些原材料再運回北歐（三角形的第三邊），以完成這個大西洋三角奴隸貿易。

（Citizen Barlow，這是他的母親在奴隸解放後為他取的名字）的救贖之旅，並由他所展開。而埃斯特阿姨、她的助手伊萊、黑瑪麗，以及索利二王（Solly two Kings）[4] 則帶著公民巴洛，踏上一段可以洗淨他靈魂之處的旅程。這趟薩滿之旅是前往白骨之城。威爾森（2006）描述這座城市：

　　這城約只有八百公尺長、八百公尺寬，但這就是一座城市，由白骨建成的，像珍珠一般潔白的骨頭。所有的建築、所有的一切，都是由白骨做成的。我看見它了。我去過那裡。我媽媽住在那裡。我的一位阿姨、三位叔叔都住在那座白骨之城中。那是世界的中心。總有一天，所有的一切都會真相大白……人們從無到有建立了一個王國。他們是那些沒能成功飄洋過海的人。他們就坐在這裡，他們說道：「我們來建造一個王國。我們來建造一座白骨之城。」（頁 52）

　　白骨之城是未能獲得救贖者所居住的地方；那些在靈魂方面，是沒能在「血紅水域兩邊的法老們」之間成功渡海的靈魂（Garnet, 1843）。人們可以聽見來自白骨之城的聲音，就像美國哲學家康奈爾‧韋斯特（Cornel West, 1999）所說的：

　　這是從黑人文化的根源中聽見的。既不是一個詞、也不是一本書，不是一座建築紀念碑，更不是一份法律摘要。它是一種嗚咽

4　譯註：奴隸解放後，索利二王將自己的名字由阿爾弗雷德叔叔改為大衛與索羅門，聖經中的兩位國王。

和痛苦的呻吟，這種嗚咽，與其說是為了尋求幫助，不如說是為了回家；這種痛苦呻吟，與其說是抱怨，不如說是為了得到認可。約翰・柯川（John Coltrane）的薩克斯風獨奏、比莉・哈樂黛（Billie Holiday）的歌聲跳躍、鮑德溫（Baldwin）淒美的散文等，都是以藝術的形式轉化與美化了這種嗚咽與呻吟。（頁 81）

　　威爾森（2006）在《海洋寶石號》劇中，讓埃斯特阿姨說道：「人們的舌頭在燃燒……他們的嘴伴隨著歌聲燃燒起來。而水是無法澆熄它的。」（頁 53）前往白骨之城的旅程並不抽象，而是一趟日常旅程，為了救贖拉爾夫・艾里森《不被看見的人》小說中這些不被看見的人們，他們的個體性、多樣性、異質性，以及人類尊嚴。那些遭受這種無根、無家及無名之苦的人們，永遠都在前往或尋找白骨之城的路上。這是屬於黑人的憂鬱。

　　自佛洛伊德出版〈哀悼與憂鬱〉（*Mourning and Melancholia*, 1917）這篇論文以來，成功的哀悼就意味著自我從先前的依戀中解脫，因此能與新的客體產生依戀，並形成新的生活。這些受到哀悼的失落可能是一個人、一個理想、一個國家、一個人的自由、一個人的身分，當然，在這個頻繁變動的時代，也包括了一個人的文化。從群體層面或是群體心靈的個體層面來看待失落與哀悼或哀悼失敗，都無可避免地和文化憂鬱有關。對榮格來說，這代表他與心靈原初的層次失去了連結，而那個兩百萬多歲的老人 5 讓他得以啟

5　譯註：根據榮格的理論，每個人都有深藏心中卻未曾忘卻的古老智慧，但由於人們過於專注意識世界，而忘了自己深具潛能的本能。心理分析師安東尼・史蒂文斯（Anthony Stevens）以榮格的理論為出發，寫出《兩百萬歲的自性》這本書。他於本書中將榮格所說的智慧老人

動而踏上非洲之旅。對非裔美國人和其他群體來說，家庭、祖先、家園、土地及理想等失去的客體，是讓他們開啟這段旅程的關鍵。這些失落，以及造成這些失落的創傷事件，偶爾成為群體特性的一部分，透過了神祕參與而建構了個體的心理；也就是說，這是歸屬於一個群體後，產生的無意識結果。這種持續的依戀，而非力比多的分離，承載著對於認可、補償及修復的需求，這些都是群體和個體治癒歷程的重要部分，也是步上白骨之城之旅的終極目的。

接著以幾句黑人精神的話語來作為結尾，或者更確切地說，是作為開始：「沒人知道我曾遇過的麻煩。」這給了我們一種維持與表達這段旅程的方式，對我來說，是這段旅程的精髓，無論是對黑人還是白人皆是如此，也是一種從憂鬱到解放的轉化：

> 沒人知道我曾遇過的麻煩
> 沒人知道，只有耶穌知道
> 沒人知道我曾遇過的麻煩
> 榮耀哈雷路亞（榮耀讚美主）！

詮釋性的結論

威爾森雖然在《海洋寶石號》中描寫了黑人在美國的生活，但其中的幻影敘事是以白骨之城的意象來呈現的。該劇的企圖是要對人們稱之為「中間航道」的這個可怕舞台，以及它對美國和西方

描述為兩百多萬歲的長者。

社會的影響，作出某種表達。杜博依斯說得很好：「這是在人類過去千年的歷史中最壯觀的戲劇。」強迫「一千萬名人類從黑暗之美的母國，遷移到西方世界新發現的富庶之鄉。他們因此而墜入了地獄。」（1935，頁727）大西洋奴隸貿易中，出現了讓人難以置信的恐怖：

　　從十五世紀到十九世紀晚期，奴隸貿易持續近四百年，一千兩百四十萬人被帶上奴隸船，經由「中間航道」橫跨大西洋，到達綿延數千英哩的數百個運送地點。在這條可怕的道路上，一百八十萬人死亡……。一千六百萬名倖存者中，大部分的人被推進充滿殺戮的大農場系統（killing plantation system）血腥的喉嚨中，而他們將竭盡所能地反抗。（Rediker，2007，頁5）

文化情結和集體陰影
歷程

對於文化情結和集體陰影歷程，我雖然透過自己的生活經驗、臨床實務，以及自己接受分析的研究，已經有了一些瞭解，但它們對心理生活的影響實在是太過廣泛了，要客觀地描寫這一切也就變得相當困難。這樣一塊領域，讓身為心理學家的我簡直要抓狂，深深陷在這些令人感覺十分痛苦的矛盾裡。舉例來說，在我認為身為人類的我們應該如何讓世界變得更好的這些信念，以及意識到我們在彼此身上施行可怕的破壞時這些沉痛的頓悟，這兩者之間所產生的矛盾就是典型的例子。在面對現今世界原始的非理性時，我通常徘徊在憤怒與沉默間；然而在這裡，正是這些非理性，我打算藉由文化情結的理論及其與集體陰影的關係好好解釋它們。

　　本章分為兩部分，最後才是結論總結。第一部分的標題為「混雜鮮血的數百年骨灰」，這是取自切斯瓦夫・米沃什（Czeslaw Milosz）[1]〈一段傳奇〉（2001）詩中的一句話。米沃什是一位波蘭詩人，曾是諾貝爾文學獎得主，於二〇〇四年逝世，享年九十三歲。他窮其一生七十多年時光，撰寫述說出我們這一時代充滿破壞的動盪，同時又堅持人類每一個生命的卓越價值。米沃什是透過了強烈的見證來參與這世界的最佳例子，他在這個似乎有意自我毀滅的世界裡，獻上了自己對人類高雅和尊嚴所提出的崇高標準。他將詩歌當作一種抵抗、一種肯定和一種記憶。我在他的啟發之下，才有勇氣提出可以呈現出二十世紀與現今二十一世紀中集體陰影歷程

1　　譯註：切斯瓦夫・米沃什（Czesław Miłosz，1911-2004，台灣亦有譯成米悟虛），生於今立陶宛，是波蘭知名的詩人、翻譯家、散文家和外交官，一九八〇年諾貝爾文學獎得主。主要作品有詩集《冰封的日子》、《三個季節》、《冬日鐘聲》、《白晝之光》、《日出日落之處》，日記《獵人的一年》，論著《被奴役的心靈》，小說《奪權》等。他也是在波蘭社會主義極權時期的異議份子，二〇〇四年逝世。

的某些事件。

本章中的第二部分標題為：「若你無法看見我的鏡子，我就看不見你」。在這部分，我將展現更多關於文化情結和文化陰影歷程的個人例證，包括我在九一一這一場災難的幾個月後所做的一個夢。

本章的最後一部分，則為我目前對這些情結動力的想法，然後是對其治療性分析的展望提出一些結論性的評論。

混雜鮮血的數百年骨灰

不同於一般主流的喜好，在榮格的作品全集裡，我最喜歡的論文反而多數是收集在第十卷《文明的變遷》（1964/1978）中，包括他的〈《當代事件論文集》序言〉、〈沃坦〉（Wotan）、〈災難之後〉、〈與陰影的爭鬥〉，以及〈《當代事件論文集》後記〉。我了解這些作品讓榮格招來了許多的批評，被認為這些文章中內含所謂的反猶太意識型態、對條頓民族神祇沃坦[2]的認同、對「雅利安人」無意識的興趣、對猶太人文化的缺乏敏銳度，以及對

2　譯註：條頓人（Teutones 或 Teutoni）是羅馬作家提到的一個古老北歐部落。他們以與辛布里人等族群一起參與公元前二世紀後期與羅馬共和國的辛布里亞戰爭而聞名。後來的紀錄將他們描述為日耳曼人，適用於萊茵河以東的所有北方民族。這名詞一直有爭議，一方面，並沒有直接證據表明他們說日耳曼語，而他們的名字和統治者的名字表明至少受到凱爾特語的強烈影響。另一方面，許多學者認為，古典作家對條頓人故鄉的描述，顯示他們生活在與早期日耳曼語而非凱爾特語相關的地區。十九世紀末，北方民族這個概念出現，延伸成為日耳曼的種族主義，特別是納粹時代的雅利安人觀念。一般來說，現在仍將條頓民族視為狹義的日耳曼人，或是廣義上再加上北歐人。在神話的傳統裡，日耳曼系統的戰神沃坦（Wotan），即北歐神話的奧丁（Odin）。

這些論文的觀點所造成的錯誤理解沒有公開地表示抱歉等等。然而，我認為這些文章的力量在於，它們提供了一種面向更寬廣之文化層次的態度，而這種態度是深度心理學的領域裡幾乎全然缺無的。榮格開創性的作品一直都很有價值，可以幫助我們更深刻地理解集體事件中的心理力量，他的作品也是我們學習集體情結本質的基本入門；但即便是榮格本人，也無法免於這些集體情結造成的負面影響。

榮格（1964/1970）在〈《當代事件論文集》序言〉的第二段開頭寫道：「我們生活在一個大瓦解的時代中。」然後這段話的中間，他說道：「若是〔他〕遠離了這場騷亂，那麼發生在他時代中的災難，只會從遠方傳達到他身上，而他的個案將陷入無法被傾聽、無法被理解的苦痛中。」（§77）在這段話中，榮格和他在這一整個系列中的許多文章的態度是一樣的，他訴說時所表現出來的熱情與情感，不僅是來自於自己對集體世界所投入的分析理解，也來自自己的心靈受到了他當時正在探索的文化情結和陰影議題的影響。即使是在今天，在我們的時代，這些論文依舊為我們對群體的陰影歷程（或以榮格更習慣的說法：**集體的陰影歷程**）所進行的探索，提供了原型的基礎。

為了創造出臨時的舞台，藉此來反思約瑟夫・韓德森（1990）所謂「文化無意識」的這些規律性，我接下來將集中在榮格的這篇文章〈災難之後〉（1945/1970）。榮格所謂的「災難」指的是希特勒在二戰和二戰期間所造成的大屠殺，以及對中歐政治和文化結構極大程度的破壞，包括了德國自己的文化。而九一一這場大災難「之後」儘管仍有許多待我們以後繼續理解的，且在規模上非常不

同於前述的災難，其依然有著榮格所無法預見的特殊性，然而在我的想法裡，榮格在一九四五年所面臨的大災難，和我們目前仍有待仔細思考的災難之間，確實存在著一種共鳴。

榮格從心靈的太古無所不在的形式來思考心靈本身，並且以此作為他的出發點。我也將跟隨他的腳步，將群體的原型部分視為必須從中提煉出文化情結理論的**原初物質**（prima materia）[3] 作為我的出發點。我的看法是，個體的心靈，連同其渴望、本能、意象、幻想和非理性等等，是源自於奠基在血緣力比多之上的其他人類世界。作為人類，我們依賴這種需要，並且與這種需要共生連結，我們需要感受到自己是有所歸屬的、被抱持的，並且獲得參照群體的尊重（這團體是與我們相關的他者所形成的，而且我們個體的身分認同是從中發展出來的）。儘管我們可能隨著成長開始以個人的方式去意識所謂的原型和個人無意識，但透過人際關係體驗的媒介，心靈因此得以成為心理現實而存在。我們的文化覺察，是奠基於眾群體如何同時解釋個體體驗和原型體驗。

榮格在《當代事件論文集》中對集體陰影的探討，是透過他在日爾曼個案的無意識中所注意到的干擾而著手進行的，他認為這些干擾並不能歸因為個人情結。他注意到某些特定的神話主題（沃坦、戴奧尼修斯）和神話象徵整體上的增加，這兩者都是湧現自（可能也有助於流傳）這種以情緒之原始、殘忍和動盪為特性的情感場域。他辨識出一種「日爾曼」心靈，這種心靈特別容易受到原

3　譯註：在煉金術和哲學中，原初物質（prima materia）或第一物質（prime matter），是煉金術工作和點金石創造所需的一種無處不在的起始材料，為所有類似於混沌、精華或以太的物質最原始的無形基礎。

型想法的支配，是圍繞著具有魅力的領導者（希特勒）所組成的，而他本人成為這些力量的化身，體現了新秩序的夢想。榮格對這種心靈診斷為：因為大量的本能產生劇變以後帶來的苦難；身為醫生的他認為，這種劇變是一種無意識嚴重補償所產生的症狀，是意識的疏密態度所引發的補償作用而造成的結果。因此，集體陰影的歷程比比皆是，表現成暴力的、殘忍的、且具破壞性的行動。雖然這些行動是由意識形態和政治局勢所觸發的，但因缺乏著心理的平衡，這些行動更是深深扎根於無意識中的原型干擾。榮格用集體這個字，是指所有的這些心靈內容都不會只屬於一個人，而是屬於許多人的，也就是屬於社會、屬於民族、屬於整個人類的。

　　這種探討的優勢在於，它以心理的方式解決了集體的問題，為我們以分析的方法處理心靈的文化生活時，提供了強而有力的起點。就榮格的觀點而言，集體陰影歷程的產生，就如同個人陰影形成的歷程一樣，是透過族群、種族、宗教，和／或國族群體裡，那些與群體的集體理想不一致而遭潛抑的元素，而今開始回歸而產生的。更具體地說，當榮格診察著這日爾曼心靈時，他明白了這些被潛抑的元素是日爾曼人所忽視的精神理念的本能部分。就日爾曼心靈而言，他認為這些被潛抑的部分是暴力和異端，是透過對他早先所謂的「金髮野獸」：太陽的、父權的、英雄的理念所具有的無情陰影，而無意識對這一切加以認同才產生的。

　　在我們身為美國人共同的集體歷史中，有很多很容易就看到的集體陰影的例子，只要我們敢如同詹姆斯‧鮑德溫（1998）一般，對布萊克提出呼應，來面對我們所謂的「純真意志」（will innocence）[4]。如果我們能無所畏懼地環顧四周，就能邁向我們身為人類的更巨大的黑暗。二十世紀及在那之後，那些看似無止盡的暴行、野蠻、獸行及殘酷，我們都是親眼目睹的。薩曼莎·鮑爾（Samantha Power）在她的著作《來自地獄的問題：美國和種族屠殺的年代》（*A Problem from Hell: America and the Age of Genocide*）中，記錄了二十世紀至少六起主要的種族屠殺事件：一九一五年土耳其人對亞美尼亞人難以想像的計畫性屠殺；一九四〇年代希特勒對猶太人的屠殺；一九七〇年代紅色高棉造成的柬埔寨大屠殺；一九九〇年代薩達姆·海珊（Saddam Hussein）對伊拉克北部庫德族人的作為；一九八〇與一九九〇年代，賽爾維亞人對科索沃的克羅地亞人、穆斯林信眾、阿爾巴尼亞人的迫害；以及一九九四年盧旺達的種族大屠殺。

一九四八年，聯合國大會通過了〈防止及懲治種族滅絕公約〉，這項公約基本上禁止任何政府對某個民族、種族或宗教群體，進行全面或部分的毀滅。而美國耗費了四十多年才批准同意加

4　譯註：《純真與體驗之歌》（*Songs of Innocence and of Experience*）和是英國詩人威廉·布萊克 (William Blake, 1757–1827) 的插圖詩集，分兩個階段：一七八九年布萊克印製了幾份第一版並上色；五年後，他將這些詩與一套新詩裝訂成冊，名為《展現人類靈魂兩種相反狀態的純真與經驗之歌》（*Songs of Innocence and of Experience Shewing the Two Contrary States of the Human Soul*）。「純真」和「體驗」是意識的定義，重新思考了彌爾頓在《失樂園》裡的「天堂」和「墮落」的存在主義神話狀態。這個系列的解釋圍繞著神祕的二元論，「純真」代表尚未墮落的世界，「體驗」代表墮落的世界。非裔美國人小說家詹姆斯·鮑德溫（James Arthur Baldwin, 1924-1987）在一九六二年的小說《另一個國家》（*Another Country*）回應布萊克的「純真」，認為種族純真（racial innocence）是故意不受美國生活中種族不公正影響的一種「罪行」：「但充滿破壞力的作者他們不被允許，也應該是一種純真。而正是純真，構成了罪行。」

入這項公約。為什麼花了這麼長的時間呢？難道以我們開國元老之思想為基礎的美國民主上，沒有關於人類尊嚴和高雅的基本道德責任嗎？而我們代表人類、口頭承諾反對其他政府的行為上，不也奠基在這些尊嚴和高雅之上嗎？在回應這些受詛咒的暴行時，我們是不是很猶豫不定呢？（這是我們的國家在納粹大屠殺期間曾經體驗過的，當時的總統富蘭克林・羅斯福雖然非常理解所有人都應從這種迫害形式中得以解放，但政治上他卻不覺得自己能說出這個想法。）[5] 這樣的猶豫，難道不是對深淵中映照的陰影（我們在思量自己文化的道德紀錄時，有時是被迫要好好審視的深淵）加以拒絕承認的一種形式呢？榮格困惑於這種面對納粹的威脅卻無所作為的情形，他苦思良久後說道：

> 對邪惡的目睹，會點燃靈魂中的邪惡……。受害者不是唯一的受苦者，所有在犯罪現場周圍的人，包括兇手，都將與受害者一起受苦。世界上某種可怕的深淵闇黑已經闖入我們的內在，毒害著我們呼吸的空氣，讓純淨的水沾染上了腐敗，還有令人作嘔的血腥氣味……。當邪惡破壞事物秩序的那一刻，我們心靈的整個保護圈都會受到了破壞。（§410）

如果我們將前面提到的種族屠殺，加上我們對受國際制裁之大屠殺的累計紀錄有所認識：兩次的世界大戰，隨後是朝鮮戰爭和

5　譯註：富蘭克林・羅斯福（Franklin Delano Roosevelt, 1882-1945），美國第三十二任總統，二次大戰開始時一直保持中立，雖然當時已經傳來納粹大屠殺的消息。有人認為，如果不是一九四一年十二月日本發動珍珠港事件，羅斯福事實上是希望暗助英國但宣稱中立的情況下，繼續周旋於各國之間，讓美國持續獲利，自然也就對納粹的惡行視若無睹。

越南戰爭，以及無數其他「較小」的屠殺，包括在巴勒斯坦、前南斯拉夫、阿富汗及伊拉克所發生的屠殺；歐洲殖民非洲和亞洲的歷史；日本在中國和朝鮮所施展的帝國主義；南非種族隔離制度的醜陋故事；所謂的「全球化」在當前所進行的壓迫，只是為了讓總部設在西方的跨國公司可以無情地控制世界的經濟資源；世界各地普遍存在的對婦女的殘害、強姦和貶低；以及同樣在基督教和穆斯林社會普遍存在的惡性恐同問題……，如果可以覺察這一切，我們將會開始感受到集體陰影的普遍性。

雖然我們如果可以詳細地審視這些集體陰影歷程所造成的種族屠殺、殖民或統治的種種實例，這一切勢必會超出這一章的範圍，但我還是要指出，所有這些充滿暴行的情況，它們湧現的源頭，都是來自我對文化情結的破壞性所假設的兩種動力：（1）群體的身分認同裡被潛抑的部分得以匯聚，以及（2）群體身分認同中被拒認的部分，投射到某些遭受唾棄的「他者」群體上。每當集體陰影歷程塑造文化歷史時，這兩種動力就會開始在其中運作。

本書的許多讀者，至少在經濟上，是受益於西方社會透過全球化來進行支配的利益。因此，當我們談到在這種利益的生產運作中的集體陰影歷程時，在某一程度上，許多人可能很容易就會感受到，這為我們帶來了集體罪惡感的議題；而這一點本身就是一種文化情結。這種情結在道德或法律上，通常不會讓我們感受到太多的罪惡感，至少不會那麼嚴重；儘管我們西方社會有許多人認為應該要好好追究這種含義，但處於罪惡感中意味著處於我們所謂的「悲慘命運」中，或者是榮格所謂的「神奇的不潔」（magical uncleanness）中。這種罪惡感不可避免地來自於各種不公平權力關

係的相互關聯；而我們知道，正是因為我們身為人類社群，也就是這個群體中的一員，才會讓我們做出這些我們如果身為個體時是完全不可能感覺良好的事情。

榮格（1945/1970）再次地向我們表示，這是關於集體共謀的議題：

確實，我們都是無辜的，我們都是受害者，遭到搶劫、受到背叛、被人激怒；儘管如此，或許也正因為如此，邪惡的火焰在我們的道德義憤中熊熊地燃燒。這是必然的，因為必須有人感到憤慨，必須有人讓自己聽從命運揮舞的審判之劍。邪惡是需要贖罪的，否則惡人將毀滅世界，或善人將會在他們無法發洩的憤怒中窒息，無論在哪種情況下，都不會產生任何好處。（§410）

從心理的角度來看，集體陰影和個人陰影之間的關係，很顯然是這個部分的重要議題。榮格所描述的，是圍繞在群體和集體無意識充滿情感的力量周圍而組成的一種心靈環境。如果我們想想九一一事件發生以後，那些充斥在我們言語之中的用詞，就能體驗到這些力量是在積極地激發我們已經遺忘許久的文化情結：「邪惡軸心」、「敵人」、「聖戰」、「無辜」、「全球恐怖攻擊」、「犧牲」、「受害者」、「自殺炸彈客」、「報復」、「復仇」、「附帶性的損害」、「大規模殺傷性武器」等，這些字眼迅速地構建了集體情緒的符號語言，促使我們依循我們的文化情結來行事，而不再是理性地洞察這世界上實際運作的力量。這種情緒化的符號語言，將我們生活的世界變成了我們與他們之間、好與壞之間的戰

鬥。我們被自己的正義矇蔽了雙眼，進而貶低了「他們」的人性（以及在此過程中自己的人性）。

比昂（1962）提出的「貝塔元素」（beta elements），那些受到感官經驗支配的、情緒化的、未消化的嬰兒式心靈狀態，全都在這裡開始運作，預示著一種難以名狀的災難。在這種先入為主的心態中，一切都會變得太過具體；情緒／象徵的空間失落了；原始的情感狀態融合了意象、感官、知覺及行為，形成了只為單一目的的存在而行動的潛能，無法忍受的焦慮因此而緩解了。在這個領域中，我們會發現自己處於榮格心靈光譜紅外線的這一端，在這裡，邊界和人們都受到了侵犯和摧毀。身為一位分析師，當讀到或聽到那些違反人性的犯罪案例時，我就會想想犯下這種暴行的人的心智狀態，於是我發現自己好奇著，這些在特定的危機時刻中被選來減輕痛苦的暴力且侵入性的行為，是如何持續影響著我們的意識和無意識的想法、影響著我們的客體關係、影響著我們對自己身為人類的看法，以及影響著我們對未來的希望。

在榮格《當代事件論文集》出版近七十年後，我們與大屠殺受害者或加害者的後代們進行分析時，還是很可能看到他所描述的群體歷史歷程，是如何對這些分析工作有著當下的影響。我們可以看到歷史情結是如何運作：在歸屬和身分認同的周圍，自主而跨世代地組織著情感並且調節著感受。在與大屠殺的倖存者進行分析工作時，可以看到文化情結和集體陰影歷程之間的交互作用，這一切將不可避免地跟隨在集體創傷的後面。我認為，如果要將集體陰影歷程和文化情結這兩者的影響分開來描述，是不可能的。

舉例來說，我們知道，有許多大屠殺的猶太受害者和德國加

害者的後代，往往覺得自己陷入了一種與共享的家族歷史有關的沉默、罪惡感、無法敘說的不在場之出席（absence-presence）感覺裡。而針對這兩種群體治療的其中一種臨床方法，是幫助這些遭到同一文化情結傷害的個體找出是什麼傷害了他，並讓這一切在心靈中再次呈現。在個別的治療裡，分析的努力主要是針對自我用來防禦化為碎片（fragmentation）而使用的分裂機制，同時處理另一部分因試圖與生活保持聯繫而記錄正在發生的事情的自我。但以下的這些案例超越了分裂機制，也涉及了似乎是要超越個人防禦和陰影歷程的其他心理歷程。

德國的榮格分析師安·斯普林格（Ann Springer），撰寫了一篇標題為〈受害者面具下所潛抑之事物的回歸〉（The Return of the Repressed in the Mask of the Victim，1990）的論文，探討了一些真實的個案；這些德國加害者的後代，透過猶太象徵來認同自己也是受害者的方式：

這樣的情形並非少見，這些孩子似乎以認同自己是猶太受害者的形式，來呈現出自己的命運。他們的身分認同滿足了幾個功能：這揭露了他們父母所否認的歷史迫害者角色，同時點出從沒被父母提及的受害者，也點出了這些受害者透過將受害意象在無意識中置換到他們（迫害者）的孩子身上而出現奇蹟般的復活。（頁243）

這與我們所熟悉的對攻擊者加以認同的典型歷程是對立的。

另一個例子來自亞伯拉罕和托洛克（1994）的研究，他們描述了一種稱之為「幻影」的內在心靈結構。他們所聚焦的精神病理，

是由那些遭藏匿之事件卻又繼續以陰影般的方式被經驗的幻影所產生的，而由於這些存在讓人太過於羞愧，以致於前幾代的人甚至是無法談論的。值得注意的一點是，這種由於上一代創傷情結的幻影所導致的症狀，是不同於一般的潛抑歷程所造成的結果。亞伯拉罕和托羅克得出了這樣的結論：

> 幻影是一種從不曾意識到的無意識所形成的結果……它以一種有待確定的方式傳遞：從父母的無意識進入孩子的無意識中。很明顯地，幻影所具備的是與動力上的潛抑相當不同的功能。幻影周期地強迫回歸，範圍上超出了可以形成症狀的所謂受潛抑之物的回歸（a return of the repressed）；它的運作就如同腹語術、就像主體自己的心智拓樸裡存在著一個陌生人一樣。（173 頁）

> 我們有理由認為「幻影效應」在代代相傳的歷程中會逐漸褪減，最終會消失。然而，對於已經找到方法透過社會實踐來加以穩固的共享或互補的幻影，情況就完全不同了。（頁 176）

這些法國分析師將這種與跨世代（transgenerational）幻影的連續性有關的歷程，稱為「保存的潛抑」（preservative repression）。他們認為幻影可以對家族世代持續地滲透與徘徊籠罩，還能跳過幾個世代而在後來繼承的世代裡依然傳遞下去。因此，受到最初創傷性文化情結影響的場域，仍然透過無意識對無意識的傳遞動力，跨越了好幾代而保存下來，繼續建構集體的和個人的事件。在我看來，「幻影」現象對某些特定文化情結來說，是它們的獨立自主性強而有力的證明。像這些情結跨代地在個體身上繼續作用的情形，

也和群體創傷可以造成幻影的歷程有同樣的關係：想想巴勒斯坦和以色列兩邊的青年，還有當今的美國黑人還仍然在為奴隸制度尋求修復，而奴隸制度這樣的群體創傷在美國至少已結束超過一個世紀了。文化情結在這樣的情況下繼續運作著，彷彿在群體的層次裡心靈仍處於危險之中、對生存和連續性仍然有所需求。透過這些例子，我們可以意識到文化情結的防禦與修復功能。

若你看不見我的鏡子，我也看不見你

身為一名非裔美國人，我自己的出發點在於：我勢必要經歷我稱之為「美國心靈」的集體陰影，儘管沒有人能夠確切地告訴我們那究竟是什麼。然而，如果要體驗那種心靈陰影的力量，我就需要從集體的群體動力中所發展出來的框架去體驗。在我的成長歷程中，我高度地意識到集體陰影歷程的各種形式：當任何受排斥的群體，雖然主要政治體的特徵是被忽略、被壓抑的，卻還是被迫要將這一切視為社會政治現實的一部分而繼續承擔下去，這時，各種形式的集體陰影歷程就會透過群體動力而湧現。

當我還是生活在密西西比州傑克森市的小男孩時，第一次意識到了這種集體陰影力量的存在。我在報紙上看見一位十四歲的黑孩埃米特・提爾（Emmett Till）被白人男性殺害了；他遭謀殺的原因顯然是由於他對一個白人女性吹口哨。這場發生在一九五五年的殘酷謀殺引發了民權運動。這個可怕的事件就像雷擊般喚醒了我，讓我意識到做為某一種心理現實的種族現實，竟然會誘發群體的心靈投射出集體陰影。我當時雖然無法從思考的角度來瞭解，但文化情

結這想法的種籽就已經種下了，就在我小時候第一次面對周圍的集體瘋狂而充滿衝突的反應，帶來這個對我而言是全新的種族想法而不知如何是好的時候。這帶給我一股驅力，讓我想去瞭解在群體生活中移動的那些與集體概念相關的黑暗。從那時起，榮格的一句話鏡映出我自己對集體人性的許多懷疑：「一旦意識到人類有能力犯下各種罪惡時，我們的內在將因此充滿了恐怖，因為這意味著我們也有這能力。從那一刻起，對於人性和對我們自己的可怕懷疑開始啃噬著我們的心。」（1945/1970，§412）榮格所指的是導致了大屠殺在內的一連串事件，而這離我意識到相同的焦慮前，也不過才十四年的時間。

在開始反思歷史上跨世代的黑人大屠殺時，我所看到的是持續了兩百四十四年的動產奴隸制（chattel slavery）[6]、八十一年的吉姆·克勞法（Jim Crow laws）[7]、五十多年來每週都發現黑人被吊死在樹上的事實，以及五十多年來為了維護種族「完整性」而實行的種族隔離制度。近年來，我面對的問題是：在刑事司法系統裡，年齡三十歲以下的有色人種所佔比例偏高，以及美國各種不同的種族在教育、醫療保健及住宅的獲得率上持續存在著明顯的差距。當面前的這許多人們稱之為「一團糟」的事物還一直持續著，有時候會讓我對世界感到厭倦。正如尼采（1886/1955）所說：「當你遠遠

6　譯註：動產奴隸制（chattel slavery），為被奴役者屬主人的個人財產（動產）的法律，在這條法律下，大多數奴隸必須忍受不自由的勞動和強迫勞動的條件。

7　譯註：吉姆·克勞法是針對有色人種實行種族隔離制度的法律。該法律以黑人歌舞劇中的人物名字命名，實行將近九十年之久，其目的是透過剝奪非洲裔美國人的投票權、工作權、受教育權或其他機會，使他們邊緣化。那些試圖違抗吉姆·克勞法的人經常遭逮捕、罰款、監禁等。

凝視深淵時，深淵也在凝視你。」（第 4 章，格言第 146 號；另參見 West，1999）

　　為了進一步傳達文化情結是如何侵入個人現實，我想要分享一個我在九一一災難之後的夢境：

　　我受邀到中西部一個小鎮擔任心理諮詢顧問。到達後，有人出來打招呼，將我帶到會談的地點。我注意到，我們正沿著一個小山坡朝外走去，而我是光著腳的。當經過一個清澈的池塘，我看見池塘只有一條很大的魚。抵達會談地點後，我與幾個小鎮居民進行了會談。在他們描述他們的擔憂時，我才意識到，他們主要是在談論對某個社區成員的不滿，而我認為那個成員是哈羅德·塞爾斯（Harold Searles）。很顯然地，他說了某些奇怪的話，社區成員們認為是不合適的。我立即意識到這個問題：他們在逐字地談論與思考他所說的話，而他是以原初歷程[8]的語言在說話；溝通的程度或模式都是有問題的。然後，我沿著小鎮的街道漫走。每戶人家都擁有院子，院子都圍著籬笆，而籬笆內都養著狗。我突然發現自己站在一幢特殊的房屋前面，那裡有兩隻黑色的大狗被拴在長方形的結構體上，所以只能沿著長方形結構體奔跑。當我仔細觀察這些狗，我發現，牠們有著人的臉和狗的身體。牠們的雙眼是冷灰色的，朝向空無一物凝視著。

8　譯註：佛洛伊德在《夢的解析》一書裡提出「嬰兒期性幻想」理論，他認為嬰兒是依照「原初思考歷程」（primary process thinking）的運作方式思考，類似人類原始的思考方式，與社會化後的成人所使用的「續發思考歷程」（secondary process）不同。原初思考歷程的思考特色為本身慾望所繫，不受時間及空間的影響，會如同夢境般，以濃縮、轉移、象徵等方式呈現。

雖然這個夢境某些部分一定與我個人的情結有關，但我想從文化情結的角度來探討其中的主要元素。

　　讓我從哈羅德‧塞爾斯[9]這一意象開始。塞爾斯是心理治療界的開創性人物，他以對精神分裂症個案進行充滿開創性的精神分析工作而聞名。在一九五〇到一九六〇年代，他直言不諱地挑戰所謂精神分裂症個案和其他患有嚴重精神障礙症的個案是無法治癒的概念，而這概念讓健康的精神官能症個案佔據了分析實務中的霸權地位。然而他完全相反，發表了一起工作三十多年的精神分裂個案的分析。在一九九二年的一次訪談中，塞爾斯回顧這項分析工作在栗樹會所（Chestnut Lodge）開始工作的部分內容。這是一家專為精神分裂個案提供心理治療的私人精神療養院；哈利‧斯塔克‧蘇利文（Harry Stack Sullivan）和弗里達‧弗羅姆 - 賴希曼（Frieda Fromm-Reichmann）即是在這裡開展了美國前所未見的工作：

　　離開了那裡〔栗樹會所〕以後，我意識到，自己是無法充分地理解他們〔精神分裂個案〕身上所運作的負向母親移情，而我開

9　譯註：哈羅德‧塞爾斯（Harold Frederic Searles, 1918-2015）是專門從事精神分裂症精神分析治療的精神醫學先驅之一，以治療困難和邊緣型個案而聞名。用國際精神分析學會主席奧拉西歐‧埃切格言（Horacio Etchegoyen）的話來說，他「不僅是偉大的分析師，還是一位睿智的觀察者和富有創造力和謹慎的理論家。」

　　哈羅德‧塞爾斯一九四九年起在馬里蘭州羅克維爾的私人療養院栗子旅館（Chestnut Lodge）擔任精神科醫師，持續十五年之久。許多全國知名的治療師，包括精神分析師弗里達‧弗羅姆 - 賴希曼等，都在這家醫院工作。佛洛伊德將精神官能症的領域建構起完整的精神分析理論以後，他往嬰兒和精神病兩個領域發展。在精神病精神分析的發展裡，這裡一直是重要的地點。哈利‧斯塔克‧蘇利文（Harry Stack Sullivan）在一九二五到二九年間，於謝波德‧普拉特（Sheppard Pratt）醫院開設了一間精神分裂症實驗性醫療病房，也是引人注目。然而，抗精神病藥物發明以後，有關精神病的精神分析也就慢慢地為人所淡忘。

始接受自己對他們來說實際上就是一個完全無效的母親，也就是說，我的自我價值感已經遭到集體的負向母親移情所吞噬了。（頁325）

換句話說，塞爾斯覺得，一旦機構不再接受這類的移情，他還是會十分努力地去抱持和處理病人的負向；然而這種負向真的會對他的自我形象造成某種傷害，而這是個人的負向母親情結所造成的。

塞爾斯（1972）在三十年前也寫了一篇論文，標題是〈與環境危機相關的無意識歷程〉（Unconscious Processes in Relation to the Environmental Crisis）。在這篇論文中，他檢驗了某些無意識焦慮和恐懼，認為這些會讓我們持續地耗盡全部精力來回應環境的危機。我覺得很有趣的地方在於：我的夢境選擇了這位文化分析師來評論這些在我們面對當代時，讓我們不知如何回應的情結。在思考他出現在我夢中時，我問了自己幾個問題：為什麼這個令人難以理解的人，是塞爾斯而不是榮格呢？塞爾斯說了什麼讓榮格學派分析師很難聽到的話呢？（因為他們生活所在的那種心靈模式，也許就像是我夢中的中西部小鎮所，往往只聚焦在某種文化情結，也就是大自性（the Self），並透過這些鎮民池塘裡的魚——一種無意識的意象——來象徵）我想知道，成為我文化顧問的賽爾斯，是不是在說這一切並沒有那麼純粹而簡單；事實上，這世界的負向太多了，而且正威脅著要吞噬掉我們所有人。當然，賽爾斯可能會爭辯道任何單一的個人如果要抱持與涵容整個世界的負向，必然是負荷不了的，而且（與榮格相反）單憑個人的意識是不足的。

接下來，我想將注意力放在我夢境中籬笆所包圍的區域。我覺得這些都是急性或慢性的、充滿防禦的、偏執疑心的、封閉的集體空間的象徵。這種結構通常是為了對威脅、不安全感及脆弱感的反應才建立的。當美國集體辯論著是否要為了國家安全而放棄某些公民自由的必要性時，我們當然可以從這裡面看到這種本能式的反應。無論是在集體上還是內在心靈裡，集體精神的原型防禦都可以成為非常僵化的容器。

當我轉向思考夢中最令人難忘的意象，也就是兩隻半人半狗的大黑狗時，我意識到當時的夢見證著內在世界中不尋常的存在。這些狗相當不同於我向來平靜的接受能力，牠們顯示著心靈中的動物面向似乎處於高度警戒的狀態，儘管只是某種模糊、不明確的危險，卻教人恐懼空洞而沒有靈魂，甚至只剩下一半的人性。這些狗似乎是心靈被剝光後的本質所化身的具體呈現，生命活力已經從牠們的存有中抽乾了。狗的眼神冰冷而空洞，沒有理解與同情的能力（有些時候，也可以在我們領導者的眼中看到同樣的神情）。這些狗似乎穿過牠們靈魂的空洞而吠叫著。我認為，牠們不僅僅是我個人焦慮的情結，也是任何一位當代美國人對於不確定帶來的威脅所感受到的恐懼。我開始認為，這些狗的眼睛代表著受驚嚇的集體，其內部太古而嬰兒期的部分，正透過潛抑而偏執的封閉狀態在窺探著。它們是我們當代關於恐怖和暴力之文化情結的意象，是集體陰影的問題，某種程度上影響了所有的美國人，特別是在他們面對如何處理恐怖主義這些實際的問題時，以冷漠的態度所做出的嚴肅政治決定。

這讓我想起了榮格《災難之後》（1945/1970）的一段話：

這是歷史露出曙光以來，我們第一次將原始的萬物之靈（animism）成功地吞進了我們的內在，隨之也吞下了帶來生機的大自然精神。……如今，我們是第一次生活在失去了諸神而死氣沉沉的大自然中。……啟蒙主義的單純行動也許已經摧毀了大自然的精神，卻無法摧毀相對應的心靈因素，例如受暗示、缺乏批判、恐懼，以及傾向於迷信和偏見，簡而言之，就是所有可能引來附魔的所有因素。儘管大自然已經失去了靈性，但滋生原魔的心靈條件還是活躍，一如既往。原魔並沒有真正的消失，只是以另一種形式繼續存在，它們變成了無意識的心靈力量。（§431）

出現在我夢境中的狗是原魔般不會思考的野獸，它們象徵著心靈冥府（chthonic）的部分，不是來自具有反思性的意識，而是來自投射性認同；也就是說，將包括個人和團體在內的所有心靈內容，自動且反射性地轉移到外在客體上。

在我夢中的鎮民，幾乎是無法容忍任何的差異性，但他們之間卻存在著展現在狗身上的差異。這些奇怪的狗拴鍊在長方形的結構體上；難道恐懼的代價，就是選擇範圍的縮小嗎？當恐懼成為世界的組織過程主要的影響時，就會因此出現代罪羔羊。集體陰影的投射成為一種傳染病，而像口號這類群體認同的圖騰符號，則是會將瓦解文化的空間和論述，形成只是用來威脅的集體符號語言。在這樣的情況下，意識和無意識之間的創造性關係——這是對一系列情結選項進行道德想像和道德考量的特色——也就會被明顯的分裂作用和非黑即白的思考傾向所取代，並且因為對差異未加思索的恐懼再一次地助長。

文化中這樣的歷程會需要將責備持續地投射與外化，而且在容忍差異的多元心靈裡，因為要抵禦新的攻擊及毀滅而築成的堡壘，於是這種充滿破壞力的確定感開始出現。塞爾斯想讓鎮民們意識到的，正是這些充滿仇恨和破壞的歷程。在所有分析師中，他可能是最理解這些偏執／分裂防禦的，在這情形裡，他可以最清楚明白這些機置是如何影響了美國中部人民的相互性、個人的關係發展，甚至是他們唯有的人性。

長期以來，美國一直將自己視為一座山巔上的城市，有著特殊使命。我們是無懈可擊的，與眾不同，而上帝是站在我們這邊的。但就像我夢中的大魚，我將自己當作大自性來認同合一，反而讓我們在這世界的舞台變得落單和孤立。

毫無疑問地，九一一的攻擊，對我們集體的大自性感造成了自戀的打擊，這會讓我們的感覺延續下去，覺得自己是站在自我和世界皆持續灰飛煙滅的基礎上。然而，我的夢似乎有這樣的希望：我們如果能夠意識到生活背景裡這種沉悶的焦慮是文化情結的感覺基調時，就可以讓我們避免一直以集體陰影的方式來付諸行動。

文化情結是扭曲意識的動力能量場域，而意識則是自我與他者（也就是這世界）的對話，透過對他者所產生的自動而反射的反應，讓他者的現實可以視而不見，即便是無意識能提供我們所看到的歷程。最近我早上開車去辦公室的路上，一輛大卡車放慢了速度，我因此看到了卡車上印著一行標語：「如果你看不見我的鏡子，我就看不見你。」我心想，這行標語對我們不被看見的投射歷程來說，是多麼好的陳述啊！當我們看不見對方時，對方就看不見我們。即使我們確實看見，或者被他人看到，它也從來不是直接的

相遇，而是透過一面鏡子，也就是我們自己和他人的主觀性角度，才能彼此相遇。相互看見與被看見經常是悲劇的現實，是觀察者和被觀察者、自我和他者，兩者為心靈生活創造出互為主體之情境的歷程。貨車標語背後的智慧是充滿威脅的，可能反映著目前面對面看見或我－汝相遇的困難。然而，與其說這表達了永恆的真實，不如說是當下的文化情結憤世嫉俗的意識形態。

在第一章中，我列出了五個我建構文化情結概念的定義元素。現在我們回到那個列表，並將本章闡述的概念應用上去，讓我們更仔細地看看文化情結定義中的每個部分：

- 在文化無意識的群體層面上運作的這些情結，組織成了根深柢固的集體信念和情感，進而依這方法組織了大部分的群體生活和個人心靈中的幻想。文化情結透過個人經驗與群體期望的連結，來調節個人與特定參照的群體、國家或文化之間的關係。我們在當代德國人和猶太人對大屠殺反應的共性，以及社區對威脅的實際關係的集體否認裡，都可以看到這樣的連結，這在我的夢中以各種不同的象徵顯現出來。
- 文化情結是在我們沒有覺察的情況下，在每一個體或群體中自主地運作，這表示它們不是對差異的覺知強加限制，要嘛就是因為過度強調而誇大了。文化情結不是強調對群體的認同，就是強調與群體的區隔，因而產生強烈的歸屬感或痛苦的疏離感。
- 為了將構成群體生活的態度、情感及行為加以組織起來，文化情結必須作為能量情緒的場域來運作，但其中的動力是非個人的：文化情結不會尊重人，只會重視群體的生存和連續性，也不會協

文化幽靈：歷史已經看不見的傷，為什麼還是我們生活中的幽靈？ |

助個人的省思，它們只是推著人們走向感覺和行動。它們藉由心靈誘導（psychic induction）來運作，這是一種形態上的共鳴，在廣泛且不同的個體中產生一種共同感，而這種共同感是由拉岡（Lacan, 1977）所謂的「象徵記錄器」（symbolic register）所使用的語言和以特定環境設置（其偏見未被識出）的符號學為基礎的邏各斯（logos）來調節的。

• 文化情結會促進個人對群體的文化模式擁有情感關係，這意味著這些情結正向運作時，會構建起個人的歸屬感。身分認同也就可以透過對自己的文化、種族、民族或社會群體的認同而實現。然而，正是在這種歸屬感的基礎上，文化情結的負向功能釋放出來，產生了刻板印象、偏見、認定他者本質是威脅的態度等等。

• 在情感共享等等假設的歷史連續性中，文化情結為個人和群體提供了歸屬感和認同感，這意味著大自性原型會由文化情結所引發，於是原型的和個人的心靈層面裡所有的能量都是唾手可得。毫無疑問地，即便這種文化情結能讓人們一方面以更積極的方式激發集體精神（如愛國主義：藉由重建雙子塔，努力修復我們國家的自我），但也可能變得非常危險（如私刑暴徒等）。

結論

由恐怖、暴力和破壞的衝動所造成的集體創傷，往往是由文化情結所組成的，而且這些創傷是以尚未解決的形式繼續存在著。這些情結往往承載著在「古老的正義形式」——以眼還眼的基礎所建立的群體歷史記憶（Hersh, 1985）。當我們使用文化情結的概念來

組織文化的心理歷史時，馬上就可以看出文化的記憶不僅是屬於身居於文化中的個人，也是屬於文化本身，因為文化本身就會產生自己的情緒場域。當然，這些場域是透過個人心靈的運作來獲得影響的。文化記憶運用個人的心靈來疏導力比多、傳播情感，以及形成意識形態，進而塑造出群體的價值觀、期望、慣例、禁令、儀式及歷史。尤其文化對自己過去債務、以及未來所需要之修復歷程的想像方式，幾乎完全是由文化情結所塑造的。

然而就像所有的情結一樣，文化情結也很容易受到覺察力的影響。心理工作，無論是個別的還是集體的，都可以將體驗中像是純粹事實的一切，轉化成為可以省思和改變的想法、感受和信念。如果個體可以意識到：一個人的某些情結源自於群體的文化和象徵歷程，並且是在集體層次上運作的，那麼就可以創造出敘事的第三者、象徵的空間，以及反思的可能性。這正是分析工作為我們人類面對修復與重建的潛力，所規劃的一種意識之路。

最後，我想說，文化情結的存在開啟了這樣的可能性，也就是，我們作為一個集體，或許可以進行治療性的文化分析。儘管當我們考量到自己身處的多國族世界及其多重的心靈現實時，還有我們開始與群體內和群體間運作的負向歷程工作時，不免會想：這樣的要求會不會太多？然而，至少我們已經開始認識到，群體中所產生的特殊性、全能感覺、權利、無知，以及正義等，並不比個人中所生產的還少，而且這些歷程正是由我們在群體層面上，從能夠分析的文化情結中所培養出來的。我們只需看看我們政府的權力感——它們可以透過力量將其觀點強加在那些他們認為是危險的國家上——就知道我們需要做些什麼。

想要開始對文化情結進行治療性分析的深度心理學家，必須要思考這個問題：當這些恐懼導致群體將彼此當作是負向而開始寄生的容器時，我們開始威脅著要吞噬掉對方，這時，我們能否找到方法來解決那些產生了無意識恐懼的歷程呢？我們可不可以找出方法，讓人們得以辨識那些由民族主義、種族中心主義及各種參照群體所創造出的封閉性容器呢？我們能否在我們文化中共同培養個體的情緒能力，以創造性、生產性的張力來抱持國族倖存的需要，並且讓世界整合出一定的圓滿？這樣一來，那些看似對立的部分，都可以變成文化情結無論如何都會堅持單一的、合一的、相互依存的一個系統？

文化情結與群體創傷
在日常生活中的傳遞

最近的一天早上，散步在路上時，燈柱上黏貼的一張海報吸引了我的注意力，上面寫著：「過去的陰影涵蘊著未來」（THE SHADOW OF THE PAST HOLDS THE FUTURE HOSTAGE）。我自己這樣想著：過去的陰影究竟是如何挾持著未來的？這就是莎士比亞所說的：「凡是過去，皆是序章。」[1]我們要如何面對我們群體過去的陰影呢？群體陰影是如何傳遞的？群體內存在著什麼能將群體創傷經驗組織起來，並將其陰影元素加以結合，進而形成群體陰影的動力呢？我想知道共享的歷史創傷是如何組成的，又是如何從這一世代傳遞到下一世代間？歷史上共享的群體創傷又是如何在日常生活中持有、處理，以及給予當今的世代呢？而一個群體的歷史創傷，又如何出現在個人分析的情境中？在移情和反移情裡、在阻抗裡，以及在個人和文化情結的形成中，這又扮演著什麼角色呢？我雖然不會試圖將所有的這些問題全都回答，但會將這一切當作刺激，好加深對代間歷程、群體創傷和群體陰影的省思。我們與群體生活的持續關係，以及我們在其中的經歷，涵容了一切與我們集體和個人的生存、脆弱性和連續性等事關重大的議題。正如文學評論家哈羅德・布魯姆（Harold Bloom, 1998）在談論莎士比亞

1　譯註：「凡是過去，皆為序章」出自於莎士比亞戲劇《暴風雨》（*The Tempest*）。《暴風雨》約寫於一六一〇或一六一一年，據說是莎士比亞最後一部戲劇。《暴風雨》描寫米蘭公爵普洛斯彼羅（Prospero）被弟弟安東尼奧（Antonio）奪去爵位，帶著女兒米蘭達流亡到一座荒島；普洛斯彼羅後來在島上學會魔術，並藉助精靈的力量呼風喚雨、達成復仇。而「凡是過去，皆為序章」這句話出現在第二幕第一場中，出自弟弟安東尼奧之口。

的劇作《李爾王》時所說的：「我們每個人都有著一股驅力，……讓我們在世代的枝幹上自取滅亡吧。」（頁 488）

　　我們可以將心靈想像成三個層次：個人的、文化的、原型層次的。文化情結，就像個人情結一樣，是原型得以顯現的偉大舞台；文化情結可以滿足歸屬感，以及個人和群體的身分認同等基本需求。就如同那些構成移情和反移情現象的個人情結一樣，血緣力比多（kinship libido）[2] 的原型會為文化情結所匯聚的場域注入能量。然而，一旦匯聚了，文化情結就會與個人體驗和群體期望連結起來，以確保我們彼此之間是透過關於民族、種族、性別及社會認同歷程的這些無意識假設而連結在一起的。換句話說，文化情結組織了群體的生活，並提供了歷史的連續性。從這一切踰越個人界限的方式來看，我們可以毫不誇張地認為這些是亂倫的。榮格（1946/1966）在他《移情心理學》（*The Psychology of the Transference*）一書中指出：「亂倫是一種同族通婚的關係，一種將家庭團結在一起的力比多表現。因此，人們可以將這一點定義為一種本能，就像牧羊犬一樣，將『家庭群體』維繫在一起。」（§431）若用另一種動物來比喻，我們也可以將文化情結想像為能夠促進個人與群體、群體與個人關係的役用馬（workhorse）。文化情結將所有與血緣力比多相關的群體能量聚集在一起，透過個人和群體層次中相似的歷史、身分認同及意識形態等表達出來

2　譯註：在個體化的過程，我們尋求個別的自性；但透過了血緣力比多（kinship libido），我們經由關係而想尋求連結，尋求進一步的圓滿，而這力比多正是許多團體在形成的過程中最深入的動力。「在最深的感覺裡，我們每一個人都不只是夢到自己，也夢到了躺在我們和他者之間的一切。」（榮格，《書信集，第一卷》，1934，頁 172。）

（2006）。

文化情結

正如我在前幾章所討論到的，文化情結的概念擴展了韓德森的
文化無意識概念，並延伸了榮格的情結理論。我曾寫道：

> 文化情結在群體層次上運作，這些情結……是透過群體的期
> 望、群體對自身的定義、自己的命運，以及對自己獨特性的認識而
> 來進行運作的。我們會發現〔群體〕情結的運作，既是透過群體的
> 恐懼、敵人及群體對其他群體的態度，也是在這一切之內運作的。
> （2000，頁159）

簡而言之，如果從個人情結來理解個人無意識，那麼也可以透
過文化情結來理解文化無意識。個人情結和文化情結，都是源於心
靈的原型部分，這些部分為個人和群體的生活提供了情感、意象、
結構及動力。文化情結在個人和原型心靈之間發揮作用，將群體和
個人生活這兩個領域連結起來。

文化無意識

韓瑟夫・亨德森（1990）發展出了**文化無意識**的想法，將其定
義為：

這是個位於集體無意識和文化顯性模式之間的歷史記憶區域。該區域包括了意識和無意識這兩個模塊，但具有源自集體無意識原型的某種身分，有助於神話和儀式的形成，也能促進個體的發展歷程。（頁 163）

我先前聚焦在文化情結和群體創傷的代間傳遞時，強調了韓德森所定義的兩個部分，分別為（1）文化無意識的「位置之所在」（the location），以及（2）文化無意識作為「歷史記憶區域」的定義。這是內在而非外在的歷史，帶來了「某些先於歷史的事物」（Corbin, 1980, p.8）。正如莫瑞・史丹（Murray Stein, 1987）所說，這種內在的歷史，

是關於意義的故事，在這故事中，時間和永恆、意識和無意識、特定的歷史和原型力量等，全都一起扮演著該有的角色，而且隨著時間產生了特定的架構。然而，如果完全置身於這樣的歷史之外，就是對在歷史進程中運作的這些超驗因素是無意識與無知的。傳統的人是全然生活在這樣的神聖歷史之中，而現代人的生活則是完全在這歷史之外；至於像榮格這樣後現代的人士，既寄居其內，也寄居其外，在單一的矛盾視野裡承載著對立觀點的張力。（頁71）

文化無意識層次裡這些鮮活的內在記憶，在群體裡是透過了嵌在群體儀式、慶祝活動，以及相關歷史敘述等等這些集體符號的運用，將自己清楚地再現出來。這些歷程創造了文化的象徵空間，在

其中，記憶和事件受到保存、受到進一步的闡述，因此象徵地呈現出群體的精神。無數的紀念儀式、典禮，及國定紀念日等等，慶祝著從建國到戰爭的勝利，還有以英雄之名所命名的街道和圖書館等等的所有一切，都想要為這一群體的歷史建立起活生生的紀念碑。這些記憶模式創造了具有連結性的組織，以共同的歷史、價值觀、規則、觀點及群體精神等等所組成而相互關聯的世界觀，將群體和個人連結起來。這種鮮活的組織形成了**時代精神**（zeitgeist）：在特定歷史的時間和空間中的精神。群體精神的概念，反映了關於人類合為一體這種較古老的原型意象。作為原住民部落象徵之圖騰動物的這些意象，代表著個體的大自性，或者每個個體的心靈核心，同時也代表了集體的大自性，甚至是宇宙的大自性。榮格對群體心靈這一層次的反思，反映在他如何使用法國哲學家列維－布留爾（Levy-Bruhl）所提出的術語「**神祕參與**」，這個詞是指我們在群體中會與其他人一樣地行動與反應、思考及感覺的群體功能。這是太古的身分認同。

群體創傷

　　群體創傷在歷史上的範圍和多樣性，代表了文化、種族及破壞力所形成的動力煉金鍋釜（dynamic cauldron）。群體創傷所造成的跨世代傳遞——源自種族屠殺和各種其他根源的——發生在許多群體裡：非洲人在美國淪為奴隸，以及美國持續存在的種族問題，是「美國最敏感的神經，也是持續最久的困境」（Gissler，1997，頁 105）；九一一事件的災難；一九一五年，土耳其人計畫性屠殺

　　　　文化幽靈：歷史已經看不見的傷，為什麼還是我們生活中的幽靈？

亞美尼亞人；基督徒幾個世紀以來對猶太人的迫害，以及對他們的大屠殺；以色列和巴勒斯坦之間截至目前持續的衝突；柬埔寨和盧旺達的種族屠殺；阿根廷的「骯髒戰爭」（dirty wars）[3]和國家政府所策劃的社會計畫；南非的種族隔離制度；東歐的「族群清洗」（ethnic cleansing）[4]等。如果再加上受到各國所授權的屠殺——兩次世界大戰、朝鮮戰爭和越南戰爭、阿富汗無止盡的戰爭、敘利亞內戰等等——我們可以感受到群體創傷的無處不在。

在上述的群體創傷之外，我們很容易再加上許多持續性的社會結構性創傷——產生自貧窮、社會排斥，以及數百萬人日常生活的降格（degradation）——而這些帶來苦難的降格，包括不被看見的社會階級和不可能不看見的膚色差異。最後，如果再納入於種族、民族、性別、社會階層和性取向等等的差異議題所出現的對個人尊嚴和自我價值的日常攻擊時，我們會發現，生活沒有一個面向不會看到某種形式的群體創傷所帶來的影響。

此外，所有這些群體的創傷和社會認可的創傷，在任何時候都可能在事件的各種階段提及（例如透過官方道歉、賠償、罪犯審判、真相委員會等），以試圖處理還繼續產生毀滅的歷史局勢，以及對過去和現在的受害者和加害者還繼續產生的影響。無論事態如何，我們可以理解馬克思（1852）所寫下的這一段：

3　譯註：骯髒戰爭發生於一九七六年到一九八三年間，為阿根廷右翼軍政府統治下的國家恐怖主義時期，這期間進行了針對異議人士與游擊隊所發動的鎮壓行動。

4　譯註：族群清洗是有系統地強迫民族、種族和宗教群體離開某一地區，目的是使某個地區的族裔同質化。除了直接遷移、滅絕、遞解出境或人口轉移外，還包括透過強迫受害者群體逃離和阻止其返回（如謀殺、強姦和破壞財產）以強迫遷移的間接方法。歷史上發生過許多族群清洗事件，這個詞在一九九〇年代的南斯拉夫戰爭期間首次出現。

人們自己創造自己的歷史，但是他們並不是隨心所欲地創造，並不是在他們自己選定的條件下創造，而是在直接碰到的、既定的、從過去承繼下來的條件下創造。一切已逝的先輩們的傳統，像夢魘一樣糾纏著活人的頭腦。（頁1）（本段落節選自《馬克思恩格斯全集八卷》，人民出版社，2006年）

沃爾肯等人（2002）簡明說明了他們對群體創傷的研究後，表示：「一個可以辨別出來的敵對群體，蓄意〔以多種方式來〕對受害者造成疼痛、苦難、羞恥、侮辱及無助感，進而觸發某個特定大群體的身分認同歷程。」（頁10）[5] 我認為，這「開始觸發了」大群體認同的歷程，是由文化情結所中介引導的。也就是說，複雜的群體歷程，包括對特定群體的犯罪記憶、生存策略、傷害狀態，以及報復和復仇的動力等，都是由文化情結所構成的。換言之，文化情結在文化歷史中呈現成故事和意識形態，而這些則是建立在一套特定的體驗和觀點或一套事件的意義之上。而我們又該如何界定與這些群體創傷的關係？這些群體創傷在我們的日常生活中是如何顯現的呢？

代間群體創傷和文化情結的例子

有個佛教的滿月儀式是以這句話作為開端：「我所有古老而極其扭曲的業力、在仇恨、貪婪及無知裡誕生的這一切，我現在全

5　譯註：可參考《我們為何彼此撕裂？：從大團體心理學踏出和解的第一步》，沃米克·沃爾肯著（Vamik D. Volkan），台北：心靈工坊（2021）。

都坦然承認。」一位當代詩人也表達了類似的主題。在接受《太陽》（2004 年 5 月）雜誌的記者邁可‧文圖拉的訪問時，詩人羅伯特‧布萊（Robert Bly）[6] 說道：「我們的習慣就是去思考，這是我的問題。但是從某個更古老文化的角度來看，我們每個人都曾有過許多前世人生。……信天翁在一千年前就開始飛行了。」（頁10）

這些佛教滿月儀式和布萊的話語，揭露了對人類之記憶、歷史和相關性的兩種態度，往往會出現在人們對歷史創傷的回應中。其中一種態度可以用兩個問題來表述：我們與歷史和記憶的關係是什麼？我們對他人的責任又是什麼？另一種態度，是在面對我們人類太古而本能的遺產來反思我們對他人的責任問題時，就會開始思考運作。這兩種態度在我閱讀當地報紙的一篇文章時，浮現在我的腦海中。文章的標題是〈尤里卡（Eureka）授予維約特部落一八六〇年大屠殺遺址〉（Barnard, 2004）[7]。文章中描述了在水畔舉行的儀式，一位部落首領在「將近一百五十年前，部落遭到白人入侵者屠殺的同一塊土地上」，獲得了四十英畝土地的契約（Barnard, 2004）。這個部落當年剛完成一個核心儀式——一種重建世界的儀

6　譯註：羅伯特 布萊（Robert Bly, 1926-2021），美國詩人，一九〇八年桂冠詩人，也是社會運動者、榮格精神的追隨者，熟悉許多著名的榮格分析師，包括希爾曼（James Hillman）。他在女性主義崛起後深刻反思男性氣概的問題，成為新男性運動的代表，最著名的《鐵約翰》（*Iron John*, 1990）一度在紐約時報暢銷書榜登榜達六十二週之久，成為新男性運動的重要作品。他的詩集《身體周圍的光》（*The Light Around the Body*）也獲得一九六八年度美國國家圖書獎。

7　譯註：威約特（Wiyot）大屠殺是指一八六〇年二月二十六日加州洪堡縣尤里卡（Eureka）附近的圖盧瓦特（Tuluwat，現在稱為印地安島）發生的事件，起因為當地居民威約特人與歐洲來的白人定居者之間的衝突。當天晚上，歐洲來的白人定居者開始了事先預謀好的襲擊，他們用斧頭、刀和槍殺害了八十到兩百五十名威約特人。

式後，不久就被屠殺了。歷史上記載著，這個部落才剛圍繞著一艘獨木舟跳完船舞。這舞蹈是「將一切——靈性世界和這裡的世界——連結在一起的其中一部分。……〔我們的〕部落〔有〕渡水上天堂的故事。〔那一天〕我們失去了我們的王權、我們的長輩、我們的編織者，以及我們的夢想：所有構成社群的事物。」其中一位長老說道：「從那天起，我們就再也沒有跳過舞了。我們必須重新學習。……我等不及要跳第一支舞了。」（Barnard, 2004）

根據報導指出，在公開儀式上，鎮長說道：「當然，你無法為很久之前發生的事情說對不起，但在一百四十四年之後，我們可以說出這是不對的、我們尊重部落文化和它的根源。」（Barnard, 2004）在對市長的回應中，當地的一位部長說道：

越來越多的基督徒開始明白，我們有必要為過去的罪悔改。雖然我們人不在現場，但仍然承認而懺悔……我們代表基督徒和教會，儘管我們在過去並沒有做任何事，但至少我們能將錯誤改正。所以我們道歉，並請求原諒。（Barnard, 2004）。

從心理上來說，這篇報紙的文章可以解讀為對群體代間創傷的描述。如果這事件是和幻影敘述相關，而美國原住民與當地白人雙方是如何在個人層次和群體層次何承受這創傷？雙方在提出和解與懺悔的問題時，如何在其中的含義裡獲得療癒呢？當一群人失去了原有的做夢者、夢想及編織者，這又是意味著什麼？

根據溫尼考特的說法，當嬰兒的連續性經驗受到干擾時，就會產生個體層次的災難。這些破壞在嬰兒的本體狀態中造成了裂痕

（Ogden, 2004）；這些裂痕代表原初的痛苦、也是無法想像的存有狀態。在文化無意識的層次上，創傷破壞了群體對其持續存在的感覺、其本體論的連續性。這位美國的原住民長老說道，這個群體失去了做夢者和編織者。政治哲學者詹姆斯・赫什（James Hersh）在他關於復仇女神（the Furies）和阿波羅（Apollo）（1985）的論文中，提出了「民族邏輯」（ethnos logic）這個觀念，描述當自己的親屬受到傷害時，因此而活化的情緒場域（ethnos 源自希臘語，意思為種族、人群）。在討論「復仇」（revenge）和「報仇」（vengeance）這兩個詞時，赫什（1985）指出，「報復」（avenge）意味著：

　　要求、釋放、懲罰。字首「re」表示「回頭」。因此，復仇與過去的要求有關，為了讓束縛的事物獲得釋放，必須讓這種需求回頭。詞源告訴我們，這種回歸的力量就像肚子裡一股憤怒的狂風一般。（頁 58）

　　復仇女神聲稱她們「持有邪惡的記憶」。換句話說，產生邪惡的歷程，首先是造成古老心靈層次又回到某種群體凝聚力的一場坍塌（而這心靈層次是意識和無意識佔有開始運作的地方）。個體和團體會因為正義的信念而開始感受到神聖的啟發，於是偉大的人物（這時他是文化上的英雄），以及製造邪惡的人（形成了其他的群體），一前一後地出現了。我認為，群體創傷活化了由文化情結所組織起來的民族邏輯。然而，這並不代表，群體裡的每一個人都對創傷的含義有了相同的內化並認同，而是群體中的每個成員都意識

到，在群體的心靈中，發生了某些事情（儘管這些專門術語會以比較口語化的詞彙取代），因而對歸屬和身分認同的問題產生了深遠的影響。

失去夢想、作夢的人及編織者，隱喻著這個群體已經失去了對自身的經驗加以運作和處理的能力，因此陷入了無法醒來的惡夢之中，也不再能夠擁有別的夢（Ogden, 2004）。我所說的「夢」，指的是能夠將事件轉化為得以思考、敘述及反思的體驗。或者，用比昂的話（1962）來說，這個群體失去了轉化「貝塔元素」的能力——那些來自太古心靈和嬰兒期的感官、情緒及無法消化的表達。如果無法轉化，這些事件將意味著難以名狀的災難。這個群體會發現自己處於榮格所謂心靈光譜中的紅外線末端（infrared end of the psychic spectrum），在那裡，界線和人們都受到了侵犯與破壞。

我的第二個關於代間群體創傷的例子，是在幾年前計劃去巴賽隆納旅行時發生的事件。當時我正考慮是否前往塞普勒斯短程旅行，去參加另一個會議。在與朋友談到這個計劃時，她建議我參加一個她舉辦的派對，說我也許有興趣和她曾在塞普勒斯待了幾年的朋友見面。我接受了。在我們見面後，她的朋友隨即以生動多彩的方式談論著賽普勒斯。他滔滔不絕地描述著那裡的風景、歷史、他待在那裡的時光，以及我在那裡可能發生的事。不知何時，他停止了自言自語，忽然記起我還在場，問說：「對了，你為什麼要去賽普勒斯？」我提到了由以色列團體、組織歷程研究協會與德國和以色列精神分析學會聯合組織的一個研討會。研討會的重點是探討猶太人和德國人之間，於一九三三年至一九四五年期間一系列事件所

造成的「特殊關係」。我說道，這個想法是要讓這兩個群體透過彼此的在場，探索用來阻止兩邊人民更深入觸及雙方記憶和痛苦的情緒防禦。此刻，那個男人似乎滑入了無聲的恍惚之中。當他從恍惚中出來時，他說道：「我將德國當成一本書裡的一頁，這一頁我多年前已經撕下並燒毀了。我不想和德國、它的歷史、它的人民有任何瓜葛。」他接著解釋，那段時間他部分家人逃到了法國，但大部分的家人都遭納粹殺害。「我有兩個已經成年的女兒，我從來沒有和她們談論過我家族的歷史。」然後，他停止談話，記下我的電子郵件地址，承諾會向我發送某些關於賽普勒斯的材料，接著離開了。我再也沒有收到任何他的消息。

由於許多猶太人受大屠殺所影響，這男人的態度是可以理解的，也是經常可見的。我經常想到這個男人，以及他和居留於自己內在的這些群體創傷之間究竟是如何的關係，那裡是否存在一種拓樸學的地形結構，一種「地穴（crypt）」，裡頭涵容著他家人的鬼魂與這些鬼魂的創傷呢？這些幻影，是否像亞伯拉罕和托洛克（1994）藉由他們所謂「保存的潛抑」認為的那樣，存在於某種活墓當中呢？而那男人這些充滿慚愧的情節，又將會如何傳遞到他女兒們的無意識深處？他們的晚餐談話會是什麼樣子？他們怎麼度過假期？畢竟，女兒們將成為繼承者，她們會繼承讓這些家庭祕密全然不可言說的命令，而這些家庭祕密也就是處於「創傷狀態」的諸多事件。這個男人希望藉由刻意拒否與遺忘，來保護自己和他的後代。在這一個案例裡，我們可以聯想起將群體創傷、群體陰影，以及個人命運連結起來的文化情結嗎？如果是這樣，那麼我們所面對的正是一種文化情結的代間傳遞；其中所涉及的自我和群體經驗，

是來自家庭成員和／或相關群體的其他成員，或沉積在我們內在的。而這一切，包含了許多的分析師對這些現象的不同描述，例如沃爾肯等人的「沉積創傷」（deposited trauma, 2002）、凱絲滕貝格（Kestenberg）的「傳送」（transposition, 1989），以及亞伯拉罕和托洛克的幻影意象等等的想法。這些作者描述了在群體層次所運作的種種歷程，以及這些歷程在經歷歷史創傷的家庭（或群體）中的個體之間交流，而家庭的後代則是藉由無意識的傳遞，接受了這些事件所造成的影響。

對代間文化情結的沉思與聯想

我經歷的一系列沉思（reveries），連結了三個不同的事件，這些事件反映了自己與自己的種族文化情結彼此之間的連結。這三個事件分別為：（1）伊拉克的阿布·格萊布（Abu Ghraib）監獄虐囚事件被揭露；（2）虐囚事件被揭露後，某位個案所做的夢；以及（3）我對上述這些事件的震驚反應，反映了我個人與身為非裔美國人的種族群體之間的連結。針對曼德拉（Nelson Mandela）紀念種族隔離制度垮台十週年的演講，我有個簡短的臨床案例與省思，揭示了我過去是如何（我相信我們所有人現在還是如此）一直泅泳在文化諸多的情結當中。這些文化情結通常藏在背景裡，直到外界（或內在）的某一事物將這一切活化了，這時我們可能才明白我們是如何為它們的一舉一動所掌握。

第一個情境發生在美國士兵在伊拉克阿布·格萊布監獄施行酷刑，且遭到曝光之後。當時，我的一位男性個案跟我提起了以下的

夢：

　　我和我的〔女性〕伴侶走進餐館。在等菜單送來時，我注意到有個大鍋子裡頭是滾燙的熱水，水面上露出的全是小毛驢的耳朵。原來他們正在滾煮小毛驢寶寶。我醒過來時覺得非常噁心。

　　我的個案對這夢最直接的聯想，是他和他的伴侶前一晚在電視上看到了有關囚犯虐待的報導。儘管個案這個夢有著個人動力（例如，他的固執、他對控制和權力，以及戴奧尼索斯式〔Dionysian〕生活態度的個人情結等等），但這夢也可以很容易就從集體事件，也就是虐待囚犯這事件的心理反應，來加以解讀。一些跟這夢的核心意象驢子有關的聯想，可以讓我的觀點更為清晰。在十九世紀的美國，當時的總統安德魯・傑克森（Andrew Jackson）的反對者曾針對這位總統的民粹主義觀點而稱他為「蠢驢」（jackass），從此，驢子成為民主黨和美國民主的象徵或吉祥物。馮・法蘭茲（von Franz, 1997）寫道：「在古埃及，驢子是與賽斯神（god Seth）有關的動物，賽斯神謀殺了奧西里斯（Osiris），代表著兇殘與情緒化的化身。」（頁 120）小驢子遭到烹煮的意象，讓我的個案從反思中覺察到，原來美國的陰影有著殘忍與野蠻的能力，而這讓我的個案難以忍受。

　　當這位個案在談有關這夢的聯想時，我想起了弗雷德里克・道格拉斯 （Frederick Douglas）的一篇演講。他是十八世紀早期一位黑人奴隸，藉由學習如何閱讀來形成一種激進的行動。道格拉斯（1998）在標題為〈對奴隸來說，七月四日代表著什麼？〉的這場

演講中，發表了強而有力的聲明。七月四日是美國宣布脫離英國而獨立的紀念日，然而，他說：「七月四日是你的，不是我的。你可以高興，但我必須哀悼。一個拷著腳鐐的人被拖進宏偉而燈火通明的自由聖殿，被你們要求和你們一起來唱歡慶的國歌，這是相當不人道的嘲弄，也是該受天譴的諷刺。」（頁 21）幾天後，我意識到自己將阿布格萊布的照片——赤裸的囚犯戴著金屬頸圈，用鐵鍊栓鏈起來——與這些照片的意象，和過去許多非洲黑人奴隸是如何被拴鍊帶到這個國家，以及後來遭拍賣的許多歷史上的意象，連結在一起了。也因為如此，我與「沉積的群體創傷」（deposited group trauma）或文化情結之間的連結，成為我與我身為黑人的歷史裡這些歷史性的創傷情境有了個人的連結。

第二個連結則是發生在一次臨床工作的第二天。我遇到了一名來自加勒比海地區的男子，以及他十六歲的兒子。這個年輕人的在校成績不及格、常與人產生對立，最近還打了一場架，甚至當對手倒在地上時，他還踢了那個男孩一腳。而令我感到驚訝的是會談一開始，這位父親轉向他的兒子，以十分激動的聲音說道：「我一直告訴你，不管你做什麼，都不要奪走一個人的尊嚴，而你奪走了他的尊嚴。」在所有他表達的擔憂中，這句話在我看來，似乎來自於某個相當核心的個人和文化領域。這男孩的尊嚴問題凌駕了其他的一切。艾丁哲（Edinger）在關於《伊雍》的講座（1996）裡頭的一段陳述，可以幫助我們反思這位父親充滿情感的陳述：

當治療師在收集被分析者的回憶和生命故事時，最感到興趣的往往是可以了解那些具有力比多強度的部分——無論是積極或消極

的——因為這些強度點可以顯示出自性正接觸自我發展歷程的那些時刻。對日常生活事件的分析也是如此。各種強烈的慾望或反應，無論是積極、具有創造性和建設性的，或是邪惡而危險的，都是至關重要。（頁108）

就在那天晚上，我收到了曼德拉慶祝南非廢除種族隔離制度十週年演講的電郵副本。在那場演講中，曼德拉強調了人類尊嚴的重要性。我引用他的話：

讓我們永遠不要忘記我們所經歷的可怕過去，擁有這段記憶並不是我們仍然處在過去鐐銬的負面狀態，而是對我們已經走了多遠、獲得了多少成就的一種快樂的提醒。對於分裂與仇恨、不公正和苦難、人與人之間不人道的這些歷史記憶，應該用來激勵我們慶祝我們自己、我們所有人類所展現的能力：繼續進步的能力、繼續前進的能力、繼續改善的能力、繼續更好的能力。……我國的憲法基本原則所提到的第一種價值，就是人的尊嚴。……我們將藉由假設人們都是好人、他們也擁有我們所具備的人品，以此來賦予他們尊嚴。過去歷史上的敵人，他們之所以能成功地將種族隔離政策，藉由談判而和平過渡到民主中，正是因為我們準備好要接受對方所擁有的固有的良善能力。

讓我們反思一下這裡的三個事件，還有它們之間的連結。在對匯聚（constellation）一詞加以定義時，榮格（1934）說道：「這個詞簡單地表達了這種事實：外在的情境引發了一種心靈歷程的

釋放，在這些歷程中某些內容開始聚集在一起，準備好採取行動了。」（§198）很顯然地，這些釋放出來的心靈歷程可以是有意識或無意識的。這三種事件的共同之處在於，它們都關注著虐待、不人道，以及人類尊嚴之重要性。這位做了與驢子有關夢境的個案，是一位中東人；弗雷德里克・道格拉斯是一名黑人奴隸。這兩者都將我與關於歷史中激進而暴力地抹滅人性的那一部分連結起來。也許這位來自加勒比海的父親，正試圖向他的兒子傳達某些關於（黑人）歷史創傷的訊息，而這一點對他與兒子之間的連結是很重要的。最後，曼德拉這位黑人領袖肯定了尊嚴在療癒過程中的核心地位。

關於個人和文化情結的根源，有一個是相當重要卻經常被忽略的，就是道德衝突。榮格（1934）在〈情結理論的回顧〉（A Review of the Complex Theory）中指出：

> 形成〔情結〕的最初原因，往往是來自於所謂的創傷，一種情緒衝擊或類似的事物，造成心靈某些部分的分裂。當然，最常見的原因之一，就是道德衝突，而其最終的根源在於，對個體整體的本性顯然是沒有能力加以肯定的。這種沒有能力一定會直接造成分裂，無論這分裂是不是意識所能覺察得到的。（§204）

文化情結的活化，通常會在報復與報仇這類議題上造成道德困境，而這些議題往往源於遭受他人不正當、不應得的傷害經驗。

結論

從歷史記憶、群體創傷和文化情結的角度來思考，除了是將記憶當作可以存儲和提取經驗的倉庫這個概念以外，還有其他因素是要加以考慮的。相反地，創傷的記憶及歷史，透過了互動、儀式、典禮及故事等所呈現的集體的連續敘事，得以保留下來。這是相當複雜的情境，因為我們所處理的是群體創傷和文化情結。許多遭受創傷的群體會反覆表達「永遠不要忘記！」或「絕對不要再發生！」這類的口號，這種反應雖然可以理解，但對於那些以遺忘（forgetting）作為無法寬恕（unforgivable）之方法的人來說，記憶可能是難以忍受的。法國分析師娜丁‧弗雷斯科（Nadine Fresco）是大屠殺的第一代倖存者，她痛苦地描述了自己關於記憶與遺忘的兩難（1984）：

如果要記得，就要同時記得他們的生與死。但這樣的記憶是不被允許的：當一個人不打算記住的時候，會害怕去思考自己是否還存在著哪些值得記住的事物。所有的記憶似乎都是、也應該是對那件事的記憶；而所有的遺忘，也都是在遺忘那件事。反覆的痛苦就像是一成不變的症狀，因為意識到自己不斷忘記某些地方、時刻、人物而引發；而這些反覆的痛苦純粹只是反映了痛苦在自己的內在找到了它真實的名字。同樣地，它們也順手帶走了記得與遺忘的感覺。這彷彿允許一個人只能記住種族屠殺的回憶；彷彿記得與遺忘的能力是源自於種族屠殺這件事；彷彿單憑著種族屠殺，讓你成為了記得與遺忘的存有。（頁 422）

因此，呼籲要「永遠不要忘記！」是比最初的時候還更加複雜。這種命令經常很有可能淪為民族邏輯或者報復行動，並將我們／他們（us/them）的動力延續，一如索福克勒斯《伊底帕斯王》所表達的那樣。在《伊底帕斯王》中，伊底帕斯問道：「何謂淨化儀式？應該怎麼做？」克瑞翁回答：「透過驅逐一個人，或是血債血償！」（Winnington-Ingram, 1980）

將自我的覺察帶入集體記憶中，能夠促進我們與個人記憶和集體記憶的關係，並能幫我們找到不同的方式來與它們連結。我們因此可以將民族邏輯轉變為對文化情結的覺察，因此而展開將強大的毒液加以持續處理和代謝的心理工作。在古老身分認同的掌控下，我們的文化讓自己所認定之群體的原則是不容質疑的事實：如果真是這樣，這將只是又一次淪為文化情結的表現而已。若是如此，我們的心靈就會與特定的文化創傷歷史緊緊連在一起。正如希爾曼（1983）所說的，我們於是錯過了「將事件轉變為經驗」的機會，而這樣的轉變如果能夠加以反思，很可能可以得到消化及救贖的。（頁 32）

文化哀悼、文化憂鬱與
文化情結裡的社會苦難

所有的人都困在無法逃脫而相互依存的網絡中，由命運的衣衫所束縛著，任何會直接影響其中一個人的，都會間接影響著所有的人。

——馬丁·路德·金恩

當我們對療癒以分析的角度加以理解後，在態度上還有可能對人類的苦難更加包容嗎？而這些苦難又涵蓋貧困、社會不平等、社會崩塌，以及暴力等這些一直存在著的議題。在我們的分析性工作中，是否可以將分析、助人專業、宗教、政治運動，以及社會政策等，全都連結到涵蓋了社會苦難的心理敘事之中？我們能否發展出一種面向社會苦難的愛欲，讓我們自己有意識地成為道德共同體的一部分，而且在這共同體之中，歷史上的不公正與當下的事件，例如無家可歸和全球暖化等，都可以成為我們分析工作的一部分？在我們個案夢中或移情中所出現的某些人物形象，說出了他們的和我們的社會脈絡；定義下的他者，成為我們工作的人際網絡中的一部分。從社會苦難的角度來看，我們的分析工作構成了我們對他者的「本體債務」（ontological debt）。

本章涵蓋了四個不同的概念：社會苦難、文化哀悼、文化憂鬱及文化情結。這些領域中的每一個部分，很容易就可以自成一個章節；但在本章中，我會將重點放在探討它們之間的相互關係。「社會苦難」（social suffering）所指的，一方面是個體因為身為這個或那個群體的成員而經歷的苦難，另一方面是由於自己身為人類群體的一員而經歷到的苦難。社會苦難包括了社會力量在政治、經濟和制度上，對人類所造成的巨大傷害，以及用來代表這些傷害的意象

與隱喻；它挪用了記憶（奴隸制度、種族屠殺等這些記憶）的文化，拿來應用到政治與文化議程上；它同時也是一種方式，用來否認且遺忘有關這一切記憶的文化。過去的分類方式是將個人與社會層次、文化層次加以分離開來，然後再以道德態度來對待這一切，因此我將關注的焦點放在社會苦難上，嘗試打破某些舊有的分類方式。如果同時要從集體和個人層次來理解人類的苦難，這些舊有的分離方式將會遭遇到相當的障礙。社會苦難是宗教和神學的核心主題，而心理學的取向往往以個體為核心，很少在集體的層次討論社會的苦難。我之所以強調社會苦難，在於想要推動我們分析社群得以恢復、並以更廣泛的角度來理解苦難是將個人體驗的意義，與社會和文化因素、還有關係，加以連結起來的。

我將運用「文化哀悼」（cultural mourning）這個觀念來思考這個問題：群體對這個社會苦難的現實，包括他們的和我們的，究竟做了些什麼，以及正在做些什麼。對於所遭受的傷害、失落、憤怒、羞愧及內疚，我們到底做了什麼事？「文化憂鬱」（cultural melancholia）是指沒辦法在群體的層次上完成哀悼或好好處理的社會苦難。最後，我將透過「文化情結」（cultural complexes）思考心靈究竟是如何在群體層次和個人層次上，將這些歷程加以組織起來的。

膚色和陰影

最近，在分析工作中的某一個沉默時刻，一位個案一邊困惑、一邊大聲問道：「當聲音終於停止時，空氣中的振動究竟什麼時候

才會結束？對於恐怖的感受和驚叫什麼時候才能完結？這些振動是否會永遠持續下去，在那些透過直覺而得知事情經過的他者之中，永遠地共鳴下去？」我問他，為什麼會想這個問題。他提起一件我們兩人都知道的事件：他的一位同事在戶外的體育賽事中遭人殺害了。過去幾個月以來，個案為自己的死亡隱約感到焦慮，但這次他以截然不同的方式表達出這股焦慮。這感覺起來十分真實的問題，讓我們倆對未知的一切開始某種沉思。這個問題和他之前所提問的那些令人焦慮的問題全然不同，相比之下那些問題只是毫無新意地在兜圈子。

我的個案提出的問題，引發我一連串關於創傷對個人和集體持續性影響，以及代間傳遞下產生的後果之思考和幻想。我自己在半意識中也一直想著：「這些創傷會持續多久，蔓延多大？」這個問題，是我反思本章主題「文化哀悼、文化憂鬱及文化情結裡的社會苦難」的動力。我意識到，在過去幾年當中，每當談論和撰寫有關文化情結的一切時，我其實是一直想著某種與個案提出的問題相當類似的事物，群體的創傷是如何在群體和個人層次中處理、哀悼和救贖的？如果這些創傷與失落並沒有得到救贖或處理，又會發生什麼事？這些創傷是否像集體的解離一般地存在著？

我個案的父母是在二次世界大戰前逃離德國納粹，當時他尚未出生，也從未將這部分家族創傷史直接帶進分析中，儘管他的家族參與了許多宗教儀式活動，藉此來處理父母非理性的焦慮。由於父母逃離德國納粹所經歷的創傷的這個事件，並沒有被當作對他們生活在心理上產生影響的事件來加以承認，他家族中的某些事物也就始終未同化成生命的一部分。他家族歷史的某個關鍵部分，似乎躲

在地下洞穴裡，繼續存在於他廣泛性的焦慮症狀中，特別是他跟我分享的有關於死亡焦慮的具體事件。而透過響亮的聲音將疑惑說出口，個案是不是在問他自己、也是在問我，某些只有在無意識層面才知道的家庭事件，卻不敢讓自己的意識知道？或者，難道是這家族祕密的幻影，過去原來本是潛抑的，而今伴隨著他的好奇心降臨在我們的會談中？

自佛洛伊德發表了〈哀悼與憂鬱〉（Mourning and Melancholia, 1917）以來，哀悼的目標就定義為將力比多的連結從逝去的愛客體上分離開來。成功的哀悼意味著自我擺脫了先前的依戀，進而能夠依戀新的客體，並形成全新的生活。佛洛伊德所謂的失落，可以是個人、理想、國家、自由、身分認同，當然，也可以是文化上的失落。

佛洛伊德指出，哀悼者和憂鬱者對失落的反應主要的差別在於，憂鬱者未能充分地哀悼自己的失落，因此人們在憂鬱者身上可以發現極度痛苦的沮喪、停止對外界的興趣、喪失愛的能力、禁止所有的活動，並且將自我關照的感受降低到一定的程度；在這種情況中，憂鬱者會「責備自己和痛罵自己，最終導致對懲罰有近乎妄想的期待。」（1917，頁244）

當我們運用文化情結的觀念來觀看哀悼和憂鬱下的社會苦難時，我們會看到：在集體或群體、個體心靈的群體層次上，哀悼或無法哀悼，是如何和文化上的憂鬱連結在一起的。一旦開始運用文化情結這觀念來看待文化哀悼和文化憂鬱時，對我而言，佛洛伊德想法的建構就成了一個出發點。

然而，在進一步探討社會苦難、文化哀悼及文化憂鬱之間的關

係以前，我必須先來談談文化情結。

文化情結

　　文化情結的概念不僅擴展了韓德森（1990）文化無意識的觀念，也將榮格最初只應用在個人的情結理論，擴展到了群體生活。心靈的文化層次和個體心靈的群體層次，為個體和群體層次的文化無意識和意識形態提供了結構。

　　文化情結透過強烈的情緒和重複的行為來表達，而且文化情結是基本的，也是人類存有中自然出現的元素所構建出個體對生物既有一切的反應，包括身體、衰老和死亡等既有的這一切，以及對在家庭、部落和更廣泛社群系統之內所有人際關係的反應。這一切的運作是透過群體的期待、對自身的定義、自己的命運，以及自己的獨特感受。我們可以發現，〔群體〕情結是在群體的恐懼中、在它們創造敵人的歷程中，以及面對其他群體的態度中，持續運作著。（頁 159）

　　簡而言之，如果個人無意識可以透過個人情結來理解，那麼文化無意識就可以透過為個人和群體生活提供情感、意象、結構及動力的文化情結來理解。

　　正如在移情和反移情的現象中一樣，血緣力比多這個潛在的原型為文化情結所在的領域注入了活力。同時，藉由提供了歷史的連續性，血緣力比多將個人經驗和群體期望連結起來；而這些期望則

是由民族性、種族、性別和社會認同等等這些歷程來中介調節的。這些鮮活的內在記憶，在文化無意識的層面創造了文化的象徵空間，而記憶和事件在這空間得以保存、闡述，進而成為這群體精神的象徵。

在詹姆斯・卡羅（James Carroll）[1]的著作《君士坦丁之劍》（*Constantine's Sword*）裡，可以看到兩千年歷史的宗教文化情結如何活化起來的例子。卡羅描述了在奧斯威辛集中營中，波蘭天主教徒和猶太人為了一個十字架的位置和意義所引發的宗教爭鬥。這個十字架被放置在死亡碉堡附近，方濟會神父馬西連・國柏（Maximilian Kolbe）殉道所在的地方，而二十五萬名非猶太波蘭人、一百五十萬名猶太人也在那裡死去。一九七九年，教宗若望保祿二世（Pope John Paul II）在空地上為他的同胞們舉行彌撒時，同時在那裡放了同一個十字架。教宗為這位自願代替其他死囚進入死亡碉堡的國柏神父祈禱，也為死於集中營、並於一九九八年被宣告為天主教聖徒的伊蒂絲・斯坦（Edith Stein）祈禱。教宗將奧斯威辛集中營稱為「現代世界的各各他」，並且表示，希望在這個死亡之處建立一個禱告與懺悔的地方。這激怒了那些不想為在大屠殺中喪生之猶太人禱告的猶太人。隨著猶太人和天主教徒這兩個群體

1　譯註：詹姆斯・卡羅（James Carroll, 1943-），為美國作家、歷史學家和記者。一九六九受召為神職人員，並於一九六九至一九七四年期間，在波士頓大學擔任天主教牧師。在此期間，他跟隨喬治・斯達巴克學習詩歌，並出版了有關宗教主題的書籍和一本詩集；一九七四年離開神職，成為一名作家。身為批判性的天主教徒，他撰寫了大量關於當代努力改革天主教會的內容，除了小說之外，他還出版了有關宗教和歷史的書籍。《君士坦丁之劍》是有關基督教史，特別是羅馬天主教、反猶太主義和對待猶太人的歷史，在這本書中，他從福音書開始，講述反對猶太遭蔑視的悠久歷史，並認為基督教反猶太催生了種族反猶太主義，最終支持了白人至上主義，並在大屠殺的到來中發揮了關鍵作用。

之間的爭鬥越演越烈，口頭攻擊也不斷出現，像是「他們殺了耶穌」、「他們把我們的上帝釘在十字架上」、「我們的死者不用你管」、「不要將奧斯威辛基督化」等。在卡羅這本書的前面十二頁，我們所讀到的文字，是一個重現了兩千年歷史之宗教文化情結的複雜指標。這些詞分別為：羅馬天主教會、十字架、奧斯威辛、猶太人、各各他、耶穌、納粹、浩劫、大屠殺、主禱文（Lord's Prayer）及魯阿奇（Ruach）[2]。

除了表明死亡給上帝帶來的問題——無論是猶太人的上帝還是基督徒的上帝——奧斯威辛集中營的十字架，十分罕見地直接喚醒了這兩種宗教之間長達兩千年的衝突歷史中，將猶太人和基督徒分開的一切。（Carroll, 2001, 頁 58）

請好好記住這個例子，我接著要呈現並擴展文化情結的定義。我已經定義了五種文化情結的基本元素（當然，可能還會有更多）：（1）它們在個體心靈的群體層次運作，也在群體的內在運作；（2）它們是自主運作的；（3）它們組成了群體生活；（4）它們促進了個人與群體之間的關係；（5）它們提供了歸屬感和認同感，以及歷史的連續感。

在這裡，我將引用卡羅（2001）所說的故事，讓這五種元素更加有血有肉：卡羅所描述的，正是宗教原型（上帝形象）轉變為文

2　譯註：如果我們理解上帝，尤其是聖靈就像呼吸或風的概念，我們就能理解希伯來語「魯阿奇（Ruach）」的意思。這個詞是形容維持所有生物（包括人類）的呼吸、風或生命力的上帝。希伯來語 ruach 出現在〈創世記〉1:2、〈民數記〉27:16、〈約伯記〉33:4 等經文中。

化情結的結果。在分析心理學裡，這是源自於自我對意識形態、信仰或事業之深處的無意識內容的認同，結果就變成雙方都繼續堅持自己的立場：於是，信仰變得盲目、信仰成為無懈可擊的事實、對話崩潰，以及文化情結透過個體和群體的行為實現（Roy, 2004）。

1. 文化情結是一種方法，描述根深柢固的信念和情緒是如何藉由個人與特定群體、國家或文化之間這些關係的中介，在群體生活和個人心靈當中運作。文化情結是藉由將個人經歷和群體期望連結起來，以滿足基本的個人歸屬需求，與個人和群體身分認同的一種動力關係系統，而這些則是以民族、種族、宗教、性別和／或社會認同歷程來中介的。文化情結是一種動態的關係系統，透過連結個人與團體期望來滿足個人想要歸屬於個人或團體認同的認同。這些期望通常是透過族群、種族、宗教、性別和／或社會認同歷程來中介與調節的。這裡可以引用榮格將心靈看作光譜的比喻：「心靈歷程的一舉一動，就像一把量尺，而意識滑動其上。」（1954/1969, §408）。因此，個體和群體身分認同的極點，是在潛在歷程中不同的展現。在集體和個人這潛在歷程的層面上，心理態度讓我們可以思考：心靈所做的一切和個人或文化上的異同究竟有何關係。（2004）

卡羅書裡的例子，群體情結是圍繞著關於浩劫（Shoah）或大屠殺（Holocaust）[3]、基督教十字架、上帝的概念，以及各依自己範疇來定義其意義的猶太人和基督徒身

3　譯註：「Holocaust」是英語，「Shoah」是希伯來語，皆用來描述納粹德國在二戰期間犯下的種族滅絕罪行。「Holocaust」源於聖經中全面性的燔祭。

分等，這一切的意義和重要性匯聚而成的。一旦群體情結活化了，這些身分認同開始注入情感，個人和群體陷入了一種情緒釋放、感官主導的表現中。

2. 文化情結往往在我們無法察覺的深處自主地運作著。這些情結是文化無意識層次所運作的許多場域之現象的表達，它們的存在意味著將個體彼此連結起來，並提供了連貫感進而衍生出群體的連續感。文化情結是聚核中心（nucleating centers），可以讓情感和意象持續不斷地運動，敘事和儀式因此可以一代傳給下一代。在集體層次中，這些情結構成了集體生活中「不曾想過的已知」（unthought known）（Bollas, 1987）。它們在方向上是向心的，對感知到的差異會加以限制或放大、對群體的認同是透過強調或分化來定義出敵人的，而且讓個體對群體有歸屬感，或者疏離開來。

   　　從卡羅的這個例子可以看出，在奧斯威辛集中營十字架的位置與意義周邊所有發生的一切，具有可持續兩千年的潛能。基督教義聲稱自己是「真正的以色列」，而猶太人「則是被基督徒斥為假以色列的守護者」。這場集體的競爭，像是隨時會爆炸的沸騰大鍋。

3. 文化情結所創造的能量場域構成了非人的動力，經由心靈的引發，在人們之間創造了共鳴與彼此之間熟悉感。它們消極地透過集體情緒的符號語言來運作，跳過了思考和反思，讓個人和群體隨時開始行動。

   　　以比昂的話來說（參見《比昂論團體經驗》，1961／1983），這個群體失去了轉換貝塔元素的能力。這些以感官

　　　　文化幽靈：歷史已經看不見的傷，為什麼還是我們生活中的幽靈？

為主導、充滿情緒而未被消化的古老、嬰兒期的心靈，開始變得活化，並吞噬了所有參與其中的人們。

4. 文化情結將對自己認同之群體的歸屬和認同感積極參與，並為群體生活提供聚核中心。然而它們也可能是一種破壞的力量，因為它們提供了形塑出歸屬感的基石，由此產生了刻板印象、偏見，以及他者就是威脅的心理。每個群體對與自己不同的群體，都有一整堆有關對方意象的詞彙。那些與自己不同的人們，通常會遭到病態化或妖魔化，而且幾乎從來不會被理想化，正如這個例子：「一場宗教戰爭出現在奧斯威辛集中營裡，而且是天主教徒和猶太人為了一個十字架的位置和意義引發的。」。

5. 活化後的文化情結，產生了以民族邏輯所主宰的情緒場域。這是毫不思索就經由神祕參與而開始運作的鮮血邏輯（blood logic）。這不是指群體中的每個人對創傷的相同意義都加以內化和認同了；相反地，群體中的每個成員都能意識到，群體心靈發生了一些事，且這些事對歸屬和身分認同有深遠的影響（2000）。

讓我們回到前面提到的卡羅《君士坦丁的劍》這個例子，十字架在其中變成了某種戀物（fetish）——這是一種符號，代表每個群體對他們血緣力比多特有形構的信仰和關係。對基督徒來說，十字架是為了紀念他們其中一個人為了猶太人和基督徒的犧牲；對猶太人來說，對猶太人來說，十字架成為一種毀滅，並表達出加害人是造成這場災難的共謀。在這兩種情況下，十字架都不是象徵，而是一種無法鏡映所以只能潛入地穴的符號；這種符號對死者的身

分認同加以聚合、消耗、具體化，任何群體都不需要為了與另一個世界鮮活連結而打開，而這一點用埃默里（Emery）的話來說，就是：「藏身地穴，讓原本是錯誤而不確定的命運，有可能變成獨特的終點。」（2001）而且，我想補充一點，一旦與祖先的傳統建立了連結，可以讓我們與不認識的他人有了連續性，因為我們在他們身上感覺到血緣關係。

文化哀悼與文化憂鬱

我現在要從佛洛伊德對個體的哀悼和憂鬱提出的觀念轉向群體，好好地看一下與家庭、祖先、家園、地方及理想等有關的失落客體，因為這些是群體所體驗並且承載下來的，同時也好好看一下這個或那個群體的其中一員，他的個人創傷所造成的失落。從文化情結的角度來看，這些失去的部分是自體客體（self-object），而憂鬱則反映了自性（the Self）中那些失落了卻沒有被哀悼或承認的部分。某些失落和群體創傷，不僅透過內攝、合併及認同，也透過對某一群體的歸屬，而成為群體和個體特質結構的一部分。這讓我立刻想到了非裔美國人和美國原住民的經歷，還有目前以色列的猶太人、巴勒斯坦人，以及這世界其他許多群體的失落。

這些失落所構成的創傷遠遠超出眼前的現實，並繼續成為特定群體或群體成員如何對這個沃爾肯所謂「選擇的創傷」（chosen trauma）（Volkan, Ast, & Greer, 2002）的反應之一。他所謂的「選擇的創傷」，是某種類似於我稱之為文化情結的事物。也就是說，一個群體對某一事件的反應讓這事件被認為對於該群體的集體身分

認同有著重要意義。雖然個體自己可能沒有親身體驗相關的事件，但透過他們對群體的認同以及群體對他們的要求，這事變成了一種認定的創傷。我認為，圍繞創傷和失落所組織而成的文化情結，會刺激與憂鬱相關的情感動力。「選擇的創傷，或者廣為流傳的事件（event qua event），對人們的歷史有著特別的共鳴；產生共鳴的還包括他們感受最深的文化聯繫和文化焦慮，以及社群的集體象徵。」（Khanna，2003，頁14）當事件的意義無法同化融入與目前情況之間的關係，或無法修通時，群體的成員在充滿負擔的感受（消極的說法）與／或負責實現群體的夢想之間（積極的說法），開始充滿衝突。

不論是個人還是群體的層次，與失落和創傷持續下去的關係並不會造成病態，其本身也不是病態。事實上，透過群體成員的這個身分，以及這個身分與創傷及其相關議題的關係，很可能會成為力量的來源。這可能將前幾代人的犧牲引向感激之情，且在未來可以為群體的凝聚與認同相關的議題和價值觀上，提供持續努力澄清的動力。從分析的角度來看，個體針對文化情結的工作，取決於她或他如何使用或不使用文化情結，以及／或是某個特定的文化情結如何影響她或他目前的生活。

文化上的失落和相關引發的，像是憤怒、羞愧及生氣等等的症狀，是強烈地希望能獲得承認、賠償或修補的要求，而這些要求對團體與個人的療癒歷程而言，都是相當重要的部分。如果沒有這些歷程，失落所造成的傷口就會變成憂鬱的黑洞，因為群體或多或少都有種需要永遠無法滿足的感覺，這可能來自仍侵犯中的他者，也可能來自群體內在想由內進行修復的努力。如果沒有完成這些歷程

的工作，群體就無法繼續進行下去。

　　我在參加舊金山分析心理學培訓計畫面試前一晚做了一個夢，我將這夢當作對自己的提醒，提醒我於進入人生下一個階段時，必須記住和處理的種族和身分認同議題。我對文化情結的研究工作，可視為這夢放大後的延續。我相信，先前的夢境（見第一章）所表現的困境，是許多少數群體成員常見的、關乎失落的文化情結困境。特別是在許多移民來到美國的經驗——當故鄉、家族、語言、身分、財產等等皆不得不拋在腦後，而同化還沒開始時，動輒得咎的束縛感就會油然而生。

　　伍德堯（David L. Eng）和韓欣兒（Shinhee Han）兩位都是亞裔美國人，一位是英文系教授，一位是社會工作者兼心理治療師，他們在一篇標題為〈關於種族憂鬱的對話〉（A Dialogue on Racial Melancholia）的文章中，針對亞裔有關移民與同化所體驗到的關係闡述如下：

　　我們可以說，這是對他或她在新客體投注（能量）之能力的否定。無法在新客體上投注（能量），是佛洛伊德有關憂鬱之定義的其中一部分。如果第一代移民所發生的失落，在同化的歷程中並沒有獲得哀悼和解決，也就是力比多沒有藉由對新客體、新社群及新理想加以投注而獲得補充，那麼這情況所產生的憂鬱就會轉移到第二代身上。然而在這同時，同化的期望和對美國夢的掌握，也可以轉移嗎？如果可以，孩子們試圖同化融入於實現美國夢的歷程中，哀悼與憂鬱也會因此重演與再現。（頁 670）

將圍繞在失落、哀悼和憂鬱的這些議題，視為身分認同的內在開始轉化的進展，不論在個體還是群體的層次上，都因此有了連續感，同時超越了病態化的偏差。我認為，集體會一直要求我們繼續這項轉化的工作；死者透過對過往的處理歷程，對生者繼續提出要求。這些主張和要求，是從文化憂鬱到文化哀悼整個歷程中的一部分。這一切並非透過放棄了所有與身分和歸屬感有關的過去與現在經驗才得以完成，而是透過要求、內化和救贖。正如榮格（1973）所說：

　　經常發生的情況是，當關係親密的人去世時，我們可以說兩人中的其中一個捲入了死亡，或者必須背負著任務的反效果，而該任務必須要現實生活中完成。我們可以比喻成死者身上的某些生命轉移到了生者身上，並迫使生者將這部分加以實現。（頁347）

　　要做到這一點，我們需要抱持象徵的態度來覺察文化的情結和社會的苦難。這態度將封裝、藏入地穴，以及對未來夢想生活感到失落的能力這三者間的差異，加以區分開來。

結論

　　文化哀悼與文化憂鬱，是用來區分個體和群體與社會苦難之間關係的不同態度。對社會苦難的愛欲態度（eros attitude），是透過某種方式將分析、助人專業、宗教、政治運動及社會政策連結起來的態度，這種態度可以產生出文化的阿尼瑪；或用英國心理治療師

安德魯‧沙爾斯（Andrew Samuels）的說法，產生「一種道德的想像」。沙爾斯認為：「這是我們用來思考複雜（complex，也是情結）社會與政治問題的方式。」（1986，頁 73）。我們自覺地成為道德共同體的一部分，而身處其中；歷史的不公與目前發生的事件，例如無家可歸與全球暖化等，都成為我們治療所重視的議題。這些在族群、種族特定的苦難記憶中所表達的社會敘事，將因此而變得神聖。我們與他者的關係，將成為我們工作中人際網絡的一部分。「憂鬱被視為病態的悲傷，然而也可以解讀為哀悼的人（群體）對於無法被社會接受、無法被社會理解的失落反應，這一切也變得如此難以容忍或解釋。」（Sanchez-Pardo，2003，頁 215）

文化哀悼和文化憂鬱讓我們開始注意到，文化情結在所有人共同生活的這個更龐大、持續中的關係及歷史所構成的脈絡中，將個人和文化結合在一起了。為了要將文化憂鬱轉化為文化哀悼，我們需要培養一種文化阿尼瑪、一種新的文化態度、一種與社會感覺一起運作的「道德想像」，幫助我們將事件轉化為可以加以思考、有意識地加以體驗，並且能進一步反思和採取行動。

如果對失落的意義與社會的關注不夠充分、不夠重視，我們必須想到這種可能性：哀悼本身可能展現出一種對個人自尊的憂鬱性失落。這種失落更準確地說，是一種社會建構的失落，而非只是自我所建構的。（Fowlkes, 1991，頁 550）

格雷格‧莫根森（Greg Mogenson, 1995）闡述了一種垂直維度的神話態度：

　　　文化幽靈：歷史已經看不見的傷，為什麼還是我們生活中的幽靈？

歷史的遺傳面向是根植於客體的再現，這是我們的祖宗從他們的生命中內攝而來、然後再經由這些情結將我們深深的牽扯進來。然而，我們有關祖先靈魂的感覺並非來自我們寫下來的家譜，而是來自投射在這書寫家譜上的神話系譜，我們的祖宗藉此將我們與第一位祖先，亞當的父母，也就是上帝，都連結起來。（頁 65）

　　莫根森所描述的是一種原型的／歷史的連結，指向一個超越的維度、指向超越個人層次的客體再現及連續性。這讓我想起了溫尼考特（1956）的一段話，他說：「在個案不曾覺察的某些特定設置中，恨比愛更強大。」至於憂鬱，「試圖達成不可能的任務本身就是種疾病。個案荒謬地認定自己會造成普遍的災難，但這樣做實際上是在迴避他或她個人的破壞性。」（頁 21）換句話說，我們必須在自己所參與和認同的群體中，找到個人潛在的破壞性，否則，我們可能會利用群體攻擊性，掩蓋了自己與日常生活中的攻擊性和仇恨可能的個人關係（Samuels, 1986）。例如，我們會對種族清洗、種族與文化仇恨所造成的種族屠殺的瘋狂行徑感到十分憤怒。然而在這同時，我們繼續以不正當的方式為他人帶來痛苦、持續參與排斥和／或剝削他人的特權共謀，以及腐蝕人類連結的資源；這一切需要另一種想像力，才能維持住我們的關係，而不會受到「細微差異的自戀」、我們潛在的破壞性，以及我們與集體陰影的關係等等的影響。

　　最後，我將以馬丁・路德・金恩試圖藉由牧師職責想傳達的一種態度，來作為本章的結束。這種態度是以文化愛欲（culture Eros）作為金恩博士想傳達之訊息的基礎。在這個主題上，他將三

個組成結合在一起：摯愛的社區、夢想的隱喻以及應許之地。所有的這一切都成為隱喻，具體地呈現出超越了部落主義與個人主義的一種開放的社群態度。在某一程度上，這一願景所意指的賦權行動（empowerment）構成了他如何解決文化憂鬱的方式。金恩在簽署「投票權法案》（Voting Rights Act）時，說道：「我認為，我們所獲得的最大勝利在於這一段時期對黑人心靈所帶來的影響，而非任何外在的因素。」

在臨床與文化重疊之空間運作的文化情結

在分析情境中，文化情結的湧現，往往是和探究中的個人情結有關。這種關係，一方面反映在個案的夢和幻想中，另一方面則反映在分析師所體驗到的移情／反移情動力中。如果我們開始思考文化是如何影響心靈、又如何在治療關係中展現開來時，文化無意識中的歷史情結與其陰影將不可避免地展開；而這種思考同時對於我們對自己的想像，以及我們社會關係的啟動，都是有所幫助的。我們自己與個案內在的許多面向，都渴望能展現在分析設置中。小說家羅森堡（Rosenbaum, 2002）寫道：「人性唯一能渴望仰賴的，就是鬼魂（ghost）永恆的存在：它們若隱若現，沉浸於我們的掙扎之中。」（頁 259）

　　文化情結的動力是在個體心靈的群體層次運作，也在「私有和公有分不開」的群體生活所存在的動力場域中運作（Hillman, 1987）。這些是座落內心深處之信念和情感的表現，既可以藉由群體，也可以藉由個體的再現、意象、情感、模式及臨床實務而表現出來。在心靈的原型層次與比較個人的無意識層次這兩者的中間地帶，文化情結在這裡運作著。透過這些屬於更大文化整體的情結活動，個體有了歸屬某一特定群體的特殊身分感覺。個人的身分經由這些情結的表達後，必然會因為參照某個特定的群體，有了某一程度的界定。此外，群體的成員開始了解，他們自己所屬的群體對另外的或許多的群體是如何反應與感受的，以及，這些「他者」群體，對個體所屬的群體又是如何反應與感受的。這種「我們和他們」的場域中，群體內部的信念、情感、意識形態及價值觀，在個體生命很早的階段就開始義無反顧的發展和成長。

　　要成為任何群體的一員，其中的一個重要部分，就是發展出

對其他群體的看法，以及其他群體對自己所屬的群體又是如何的想法、看法及反應。研究人員表示，兒童早在三到四歲之間就會開始意識到種族、民族及性別，然後使用這些類別來對自己和他人進行分類（Aboud, 1988; Clark, 1963）。到了六歲，孩子覺得自己已經能夠根據這些類別，來推斷他人的社會信念和心理觀點（McKowen & Weinstein, 2003）。在心理學家麥考文（McKowen）和溫斯坦（Weinstein）的研究中，他們發現了：

關於兒童對個體是否有判斷刻板印象的能力，我們發現在六歲時只有少部分的兒童（18%）有能力進行這種個體刻板印象的推斷。六歲以後，能夠推斷出個體刻板印象的兒童比例，開始隨著年齡的增長呈線性增加，一直到十歲時達到百分之九十三最高峰值。在這個年齡，他們可以推斷出個體與廣泛的群體是否出現刻板印象。（並且）當受到群體污名化的兒童們（由於種族、民族和性別等因素，這些群體受到了不同的對待，實際上所遭受到的待遇也確實較差），意識到廣泛持有的（負面）刻板印象時，這些間接活化的刻板印象威脅，就會顯著地阻礙他們的認知表現。（頁 510）

從分析心理學的角度來看，透過這些動力造成的研究結果，我們確認了文化情結為發展帶來陰影所扮演的角色。

就心理動力來說，我們很容易想像這個非常早期童年的群體覺察，將成為一個人用來評估自己和他者無意識幻想的一部分。這種無意識幻想會調節自尊、滿足自戀的需求，為性欲和攻擊的衝突和感情提供一個出口，也能將其行動化，並產生否認和其他各種的防

禦機制。

此外，一切幻想受文化情結而激發；即便刻板印象為個人發展提供了補償或逃避的面向，但同時也為自我完成（self-completion）和增強作用供給正能量。（例如：「身為黑人女性，我可以想像自己會成為一名出色的歌手！」）這樣的群體無意識幻想，雖然最先是由文化情結構成，但很快就會與兒童發展歷程的某些部分連結起來，然後表現在適切的個人情結的關係裡，例如父親情結、母親情結、企圖心情結（ambition complex）等等。

有一點是需要強調的：這些群體的幻想不一定是孩子直接經歷過的；它們早就存在於父母的態度、行為、影響、認定及儀式中；父母本身反映並體現了更大的社會政治世界，也就是家族生命中的背景幻影。這種群體常見的代表性意象，往往出現在假期裡與家庭生活的其他時光，而且這些時光經常是為了慶祝這個群體的歷史，以及歷史所內含的共同身分，例如光明節（Hanukkah）[1]。這一切的再現，與兒童個人情結發展無所不在的自體與他者的意象，彼此交織在一起。

這種文化的認定與個人的發展一旦開始攪和一起時，會引出一種有趣的悖論。文化情結的主體是具有情感、信仰及儀式的群體。然而，透過個人意識的活動與運作，我們才能知道文化情結的存在。「那麼它（即文化歷史的內攝）就成為了內在歷史的問題……發生在……人們內在的『天堂』或『地獄』之中。」（Corbin，1980，頁8）「這是經由人類主體的實踐而創造出的歷史，往往會

1　譯註：光明節（Hănukkāh），又稱修殿節，猶太教的節日，為了紀念猶太人在馬加比家族的領導下，從敘利亞塞琉古王朝奪回耶路撒冷，並重新將耶路撒冷第二聖殿獻給上主。

引導出論述中的情結結構——那些相對是自主於（或者不完全影響）人類主體的意圖、目標、需求、利益及反對之外的論述。」（West，1999，頁72）

榮格（1989）在他一九二五年的演講中，提到了心靈中無意識的祖先元素：

也許屬於我們祖先的某些特質，被埋葬在心智中而成為有自己生命的情結，而這些情結從未被同化到個人的生活中……。（頁36、37、82）

個人起源的文化會先於心靈的發展，這個文化創造出自己的一套主張；當人們與新的文化象徵領域相遇時，就必須重新協商這些主張，以對抗可能會產生的心理失調和自我異化感。（頁207）

榮格從心靈中具有群體歷史成分的面向試圖來加以定義，這成分會在某些特定的生命情境開始活化；與這一點相呼應的，是他對精神官能症所持有的態度。他將精神官能症定義為一個人無法面對當下的需求：

精神官能症的症狀，不僅僅是由久遠的過往原因所造成——無論是「嬰兒性特質」（infantile sexuality）[2]，或是嬰兒式的權力

2　譯註：這裡指的是佛洛伊德的理論。在佛洛伊德精神分析理論中，心靈能量或力比多在整個嬰兒期會集中在身體的各個器官中，並引起情欲快感，包括口欲期、肛欲期和性器期等自我刺激活動中。

需求（urge to power）[3]。這些症狀其實也帶來了生命全新結合的嘗試；而不成功的嘗試，還是會加入了同樣的生命中，一樣具有價值和意義的核心。它們就是那些種子，由於內在和外在的惡劣條件而無法生根發芽的種子。（1953，頁46）

文化情結的概念提出了某些具有挑戰性的問題：文化情結和個人情結之間的關係是什麼？它們是如何進入臨床情境中？它們在移情和反移情動力的形塑中有著怎樣的特定作用？它們是否也會啟動內在心靈的動力？如果是的話，它們是如何形塑個人的經驗？在臨床實務中，個人／歷史的和文化／歷史的歷程，是如何相互地關聯與彼此照映？我希望讀者在閱讀以下的臨床案例說明時，能將這些問題謹記在心，因為這個案例提出了所有以上的這些議題。

一則關於移情和反移情的註記

我將描述這個案例裡的分析二元（analytic dyad），是由一名非裔美國男性分析師與一名白人女性個案所組成的。儘管種族、民族和性別於治療過程帶來有所差異的影響，已經在分析文獻中獲得認可，然而對於具有文化特質的歷程在分析中所造成的作用，卻沒有深入地探討。顯而易見的，雖然無意識的慣用語、身分認同及情感結構對於個體在特定的參照群體中有關個人的感受是有幫助的，但這些也會成為移情與反移情的積極因素，而使得對這些動力所進

3　　譯註：這裡則指的是阿德勒的理論，他主張自卑情結帶來的補償和挑戰，會讓權力的需求成為生命的動力。

行的詮釋分析經常變得更加困難。一方面，文化的差異可能會因為產生了內疚、攻擊性及拒認差異，讓治療歷程變得複雜；產生的情結衝突會進一步產生過多的矛盾、好奇、懷疑、防衛及困惑。另一方面，個案和分析師之間在文化和群體身分上的相似性，可能會導致雙方對彼此共享的文化情結相互是無意識的，進而在分析情境、在個體心理動力的產生過程中，對群體動力所扮演的角色是全然的盲目。然而，我們如果能夠對可能存在的文化情結保持開放的態度——無論是在競爭或共謀的關係中——將可以讓個案和分析師都擁有充足的機會看到無意識對這些差異的事實所做的一切，並且觀察到所有這一切在開展中的分析中是如何得以再現和敘述的。在接下來的臨床案例介紹中，我希望能展現出文化情結是如何在心理治療歷程中起作用的。

個案

喬安（五十二歲）前來尋求幫助的原因，是她想對自己「仍然持續不舒服」的症狀進行分析；這種症狀讓她「感到空虛」與「沮喪」。她先前曾與一名女性治療師進行過治療，也與一位男性分析師持續了兩年的分析，這些治療和分析的經驗，都在喬安認為自己沒有任何進展之下告終。我對她終止治療的省思是，她是出於憤怒與幻滅而離開了先前兩段的治療歷程。這次，喬安帶著矛盾的心理，以及想做「一點事」的需要，和我一起進入了分析。

喬安的矛盾主要是呈現在兩個層面上：首先，她經常抱怨自己沒有什麼可說的，然而，在更深層、更關乎性格的層面上，她似乎

是在說她根本不覺得與我在一起的體驗是有用的，也感覺不到這些體驗會走到哪裡，或這段體驗究竟會與她的餘生產生什麼關聯。她似乎也無法與自己失去的重要部分建立連結。在移情歷程中，她小時候所經歷到的情緒挫折與幻滅，再次出現在另一段治療關係中。她想從心理治療和我身上得到某些她無法表達的事物，因此，我們雙方都繼續經驗著分析中的枯燥乏味。

我從她那裡得知她已經結婚將近二十五年了，沒有孩子。她在中西部的一個社區長大，是三個孩子中最小的一個，有一個哥哥和一個姐姐。在分析開始時，她覺得自己和姐姐很親近，而非哥哥。這種關係狀態，與她在成長的過程及成年後大部分的經歷相反。然後，她覺得自己與哥哥親近許多。

在我們治療工作的早期，喬安描述了她認為是自己四、五歲時的一段記憶。她很小的時候就開始經歷夜間的焦慮和恐懼。在這些時候，她會到父親的床上尋求安慰，也是在這些時候，她才意識到，父母不僅沒有睡在同一張床上，也沒有睡在同一個房間。睡在父親的床上成為她的一種規律的模式，一直持續到青春期之前的潛伏期。她覺得母親太過忙碌或太過沮喪，以至於無法陪她。她不記得她的任何家人討論過自己的焦慮，以及自己對這些焦慮的反應。

此外，喬安在諮商領域擁有高等學位，她的心理思維大部分是理性、十分具體的。她會嘗試對情緒議題進行推理或思考，而這卻又加劇了她的挫敗感。我們的治療進行了兩年後，她表示自己需要接受手術，因此必須停止分析六到八週。她也說她不確定自己會不會重返分析。

我向她建議，無論她想做出什麼決定，都應該在手術後返回分

析，並且與我討論。我也特別這麼問：為什麼她會選擇在這個時候從我們的關係中離開。其實在分析中，她持續認為我不關心她的矛盾感受。而她確實在分析歷程中休息了六個星期。

當喬安在休息過後重返分析時，她對我表示，自己依然對是否要繼續分析感到矛盾，但她做了六個關於分析師和分析的夢。她的心靈在這段分析歷程的休息期間，似乎每個星期都提供了一個夢。回顧她的夢時，這些夢境反映了一系列的主題，從我對她的忽略，一直到我透過在辦公室擺設她的某些藝術作品來肯定她。我向她反應，這個分析歷程對她來說似乎仍然很重要，而她似乎利用了分析之外的時間，繼續與我們之間的工作有著連結。此時，在休息期間她出現的一個想法，帶來了另一個主題。這個想法是，她對分析的投入會導致她失去對父母的依戀。她認為這是一種奇怪的想法。於是，我有了這樣的想法（我當時並沒有與她分享）：當她進行分析時，就好像她再次擁有了父親，而將母親排除在外一樣。但我認為她的真實陳述反映了她害怕失去對父母雙方的依戀。我告訴她，這樣的想法反映了她的恐懼，而這種恐懼必定加深了她的矛盾，讓她很不容易接受治療，也很難與我建立關係。正是在這次會談之後，她講述了我想在這裡聚焦的夢境和幻想。

兩個夢、兩個幻想，以及個人的和文化的情結

喬安在前後相隔大約三週的時間內，在會談中和我分享了兩個夢。大概在同一期間內，她和我分享了兩個幻想。這些是有時間順序的，第一個幻想在一週內出現，緊接著再下一週出現了第二個幻

想，而第二個幻想在某種程度上，詳細說明了第一個幻想。

第一個夢境和第一個幻想

喬安告訴了我第一個夢：

這個夢發生在我童年時期的臥室裡。外面正在發生某些事情。有兩個男人，一個是非裔美國人，另一個則是美國原住民。他們因為某種原因（跟法律有關）遭到通緝。他們躲藏在我的窗戶下面。我大喊著叫他們走開。然後，我改變了主意，裝了一瓶水給他們。但是，我不確定我是否會與他們發生性關係，或其他什麼的。夢境場景改變了，現在我們三個人都是被告，出現在法庭上。男人們已經將自己清理乾淨，他們的皮膚顏色也變淺了。我猜，我是因為幫助他們，以及他們被追捕的任何其他原因，而受到審判。

喬安為這個夢境提供了某些聯想：

前一天我在家裡時，聽見屋外有狗叫聲。我的狗正對我車庫裡的流浪狗吠叫著。我大聲叫牠們走開。牠們離開了。我同樣在夢中大聲喊叫著，要那兩個男人走開，但接著我決定照顧他們，就像我小時候反覆幻想的那樣。在我的這個幻想中，印地安人因為戰鬥而被獵殺了。我是一個白人小女孩，在我的幻想中，我的父親正試圖抓住他們，幫我抓住其中一個印第地安人。我最終會獲得一個印地安人的奴隸或僕人。我會將他挑選出來，也會一起照顧他。然後，我們會一起逃跑。

喬安分享了對這個夢境的另一種聯想：「男人們為了讓自己看起來富有責任感，將自己清理乾淨。她說，這讓她感到被背叛了，因為這意味著，他們將不會有那麼多的麻煩，但她會有麻煩。」最後，她說：「一定是你評論了我接受治療，還有我與我自己關係，因而觸發了這個夢境，並讓我想起了那個幻想。我認為你的評論是帶著性含義的。與你發生性關係，對我自我的孩童部分來說，是一種失落，但對自我的成人部分，則會因為感受到被渴望，而感覺很美好。」

與這個夢境和幻想相關的主題

在喬安的發展史中，與這種無意識素材最直接相關的一個部分，是她向父親尋求撫慰的方式，以及她與母親的相處經驗而導致自己無法有任何幻想與感受。這個夢境是由於我對她說，她將所有的分析都留給了自己而引起的。在現實中，她將丈夫完全留給了自己（沒有孩子）。在分析中，這種必須產生的、無意識中的伊底帕斯焦慮，經歷了相當不尋常的轉變。這種轉變在以下的部分中，具有明顯的轉移意義：

- 個案將她童年幻想中的美國原住民男性與黑人男性（分析師）結合在一起。在她看來，兩者都是逃犯，令人恐懼卻又渴望，並以矛盾的方式靠近著。
- 她希望藉由征服某人（或某物），也就是奴隸或奴役，來保護自己。
- 她對與治療師的關係、對失去父母感到內疚。

- 她的伊底帕斯焦慮（想要獨佔男人的想法，遭到不被權威認可的恐懼所籠罩著），被一種文化情結掩蓋著，這種文化情結包含著想征服非洲、印地安男性之政治不正確願望所產生的內疚，雖然後述的文化情結主導著一切，但它卻被用來掌控個人情結。
- 在試圖處理兩種不同的焦慮時，她無意識地將文化情結和個人情結混合在一起，其中一種是由文化差異所引起的焦慮張力，另一種則是與個人（在這個例子中，是伊底帕斯）動力相關的差異所引起的焦慮張力。

　　我認為，她是在藉由告訴我她童年的幻想和夢境，試圖同時談論兩種情結：文化情結與個人情結。透過個案利用「高尚的野蠻人」（noble savage）[4]的文化刻板印象──這種刻板印象需要「已啟蒙的」（enlightened）白人文化之文明的協助──讓文化情結得以揭露出來。在個案的幻想中，她獲得了這種意象：一個完全屬於她自己的奴隸和／或僕人，一個她可以讓他在變成她自己所有物的歷程中、被教化的男性對象。透過這種象徵性的方式，她得到了父親。我認為，這是一種普遍的歐洲中心式（Eurocentric）幻想：將少數民族群體帶入一種被認為存在著更優越、更好的價值觀體系中。

　　這種「善行」背後的種族主義，被一種天真的信念所隱藏了：改善他人的善舉，會讓征服他人成為一件正確的事。同時，這位個案卻會因為另一種文化情結，而對這樣的幻想感到內疚。這裡的文

4　譯註：高貴野蠻人（noble savage）是一種理想化的原住民、外族或他者。由於他們尚未遭受文明的「汙染」，因此在西方人眼中象徵著人類天生的良善。

化情結便是在她一生中，她對種族主義、殖民主義態度等所興起的質疑後而產生的。這讓這種至上主義的思考變得「無法思考」。在某種意義上，我的個案陷入了這兩種刻板印象之間：一種是現代、「文明的」，一種是後現代、「政治正確的」。這兩種刻板印象已經成為限制她自由想像、推理能力的情結。

文化史學者吉爾曼（Gilman, 1985）評論道：

> 刻板印象的複雜性源於它所身處的社會情境。這種情境與早期的共生背景相似，但並不完全相同；在這種共生情境中，孩子開始將自己與世界區分開來。刻板印象的深層結構會以焦慮一般的反應重現在成人身上；這焦慮的根源乃是個人所創造和內化的心智再現情境面臨了潛在的崩解風險。這是一種無意識與世界共生的感覺，一個受到自我控制的世界。自我與他者（真實或想像）之間秩序感的任何改變（真實或想像），都會產生焦慮，就像調節被壓抑的驅力時，因而產生的張力一樣。（頁 19）

在我個案的例子中，她對我的移情加劇了這種焦慮，我代表著一種令人感到既可怕又渴望的他者，將會帶領她超越她父母的世界和價值觀。（害怕）失去父母，變成了恐懼與這個世界之間的關係產生變化，這種變化可能會在她與這個新的他者（分析師）的關係中發生。美洲原住民男性和黑人男性代表著將她與這種新的可能性連結起來的阿尼姆斯人物，是令人恐懼和渴望的他者化身，她必須佔有、征服他們，才能讓自己感到安全。在移情中，這種受到恐懼和渴望的阿尼姆斯，以一種隱晦的方式投射到我身上，同時藉由疏

遠、封閉的防禦來獲得掌控，而且這一切主要是以針對分析本身的矛盾心理、而非針對我的矛盾心理所表達出來。

在這裡需要指出的，是這種矛盾的心理，某部分是源於她在父母的世界中成長時，所經歷的文化教育。促使個案內在產生文化情結衝突的動力之一，是她強烈地感受到公平競爭與平等這兩個道德教義之間的衝突；她確實經歷過家人對待他人的寬容態度（她的父母都是受過良好教育的自由主義者，他們憎惡公開的種族主義意識形態），以及微妙地歧視、貶低那些與自己不同的人，這些隱晦的部分是她和父母在生活的文化中未被反思的一部分。在談及情結的成因時，榮格（1960）指出：

它們的根源通常就是所謂的創傷，一種情緒衝擊，或這類的事物，這會讓心靈產生一些分裂。當然，最常見的原因之一就是道德衝突，道德衝突的根源在於無法肯定一個人的整體本性。這種無法預告了心靈直接的分裂，無論具有意識的心智是否覺察到這一點。（頁204）

我相信，榮格關於情結成因的闡述，既適用於在一個民族、群體中產生的情結，也適用於個體中情結的起源。在更大的社會中，與種族關係相關的道德衝突，是一個開放的文化傷口，也是過去奴隸制度的動力延續，到了當今社會的種族關係中每天仍在重演；這種關係就算不是真實的征服，也是繼續圍繞著白人至上和白人權利的幻想而建構，讓人們感覺自己有權控制有色人種。喬安在分析中鼓起勇氣向我揭露的幻想，戲劇性地呈現了在文化層次上，大多數

人的內在關於種族和差異性的焦慮與衝突。在分析中，這些往往遭到更容易辨識的個人伊底帕斯焦慮所偽裝（儘管我們也可以說，文化焦慮偽裝了伊底帕斯焦慮）。

第二個幻想——第二次會談

分享完剛剛討論的夢境和幻想之後，喬安說她想起了她在青春期的潛伏期時，沉迷於其中的另一個幻想：

這是白人女孩的另一個幻想，這次與一個黑人男性有關。在幻想中，她受到誘惑、懷孕，生了幾個孩子，脫離了她平常的生活。有時候，她會幻想是父親安排了這整件事。她的父親雖然有錢有勢，但他是在遇到與這件事有關聯的這位黑人時，經濟上才出現好轉的。她的父親達成了某種協議，這個協議協商了要在哪裡將他的女兒賣掉，以獲取他所需要的資源。然後，這位黑人男性將她帶到一個小島上，在那裡她生下了孩子。她成了這個黑人的俘虜，從未去上學。因此，在我的幻想中，我對我的父親和黑人都感到失望，因為這個黑人曾向我的父親承諾他會送我去上學。

喬安不記得她是從什麼時候開始擁有這個幻想版本的。有趣的是，她對這個黑人沒有任何的聯想。

第二個幻想顯示出，在與我會談之前，這位黑人男性就一直是喬安內在世界的一部分，而他的存在，與她如何處理屬於她父親情結的愛欲感受，有著直接的關聯。這種無意識所採用的策略並不令人感到驚訝，因為「種族一直以來，而且是長久以來，在美國人的

性欲想像中，佔有著重要的地位。種族對性觀念、經驗及感受所造成的陰影，在文化的各個層面上都很明顯。」（Kennedy，2003，頁 14）作為阿尼姆斯的黑人代表了喬安在與父親的關係中，被壓抑的渴望、受到禁制的愛欲感受。她可以與他（在幻想中）建立一種關係，在那裡，他就代表著自己的父親。然而，在她看來，這個阿尼姆斯並非一種仁慈的力量，而是與他的父親結盟、共同背叛了她。彷彿她的父親與魔鬼做了交易，而她則擁有消極的阿尼姆斯一般。在內在心靈層次上，這種背叛代表她認同了理性和客觀性，進而對自己的感覺生活產生了自我背叛。她認同了自己本質中理性的一面，這種認同顯示她是如何在與父親的關係中，保護與防衛自己不受伊底帕斯情結的狂熱所影響。在自己被買賣的過程中，她指出自己無法與阿尼姆斯協商，而是落入它的掌控，這也代表她處於被動的位置之中，導致她感覺自己是孤立的，並且陷入一種無法發展意識的處境。她的生命和靈性都被切斷了。另一種解釋方法是，藉由扮演她父親的阿尼瑪形象，她本身的陰性能動性因此被壓抑、佔據，且無法發展。因此，在個人層次上，這種幻想反映了她與父親關係中的一種惡性部分，而這個部分是由她的父母之間，以及她與母親之間的嚴重脫節所導致的。儘管在喬安的內在素材中，存在著明顯的父親情結，但從客體關係的角度來看，喬安並沒有真正實現從與母親的關係過渡到與父親關係的歷程。她在伊底帕斯情結上的過渡失敗，反映在她全能的防禦上，因而造成她無法輕鬆地認同父母中的任何一方。就如同奧格登（Ogden）[5] 犀利指出的：

5　譯註：托馬斯・奧格登（Thomas Ogden,1946-）是當代重要的精神分析師，著有數十冊精神分析和小說。他本身接受比昂的分析，也公開承認榮格對他的影響。二十多年來，他一

〔健康的〕過渡，指的並不是從一個客體過渡到另一個客體上，而是從與內在客體（與個體沒有完全分離的客體）的關係，投注到外在客體（存在於個體全能之外的客體）上。因前伊底帕斯階段的突然幻滅而無法發展完整的客體（whole-object）關係，將導致孩子更加倍努力投入於全能防禦，以解決與內在客體的關係。（頁112-113）

第二個夢境──第三次會談

在第三次會談中，她分享了以下的夢境：

海灘上有一對年輕男女的軀體。他們的父母暫時對他們下了藥。他們一動不動地被堆疊在一起。我認為這種情況是很不禮貌的，因為他們擺放的位置，會讓他們的生殖器相互碰觸，他們腰部以下的骨頭很纖細，他們第三和第四個腳趾從一個共同的肢幹上長出來，形狀就像一個「Y」。這讓我想到了分趾蹄──它們是有意被創造出來的。現在我正沿著海灘散步，此時一頭黑褐色的公牛從水裡鑽了出來，與我對峙著，示意我他是這裡的主人。然後，公牛再次回到了水中。

第二個夢境的分析：

這個夢帶有明顯的公牛陽具意象，意味著亂倫原型已經浮現出水面。在榮格心理學中，亂倫原型不僅僅是對異性（或同性）父

直擔任精神病進階研究中心的主任，也是《國際精神分析雜誌》（*The International Journal of Psychoanalysis*）和《精神分析對話》（*Psychoanalytic Dialogues*）北美編輯委員會的成員。

母的渴望；如同對立面完成了結合，它也是一種先驗的自性圓滿（the wholeness of the self）意象，並透過神聖婚姻（hieros gamos）中的神聖夫婦所代表。因此，亂倫成為一種呈現方式，並朝向圓滿移動；所謂圓滿是指存在於心靈中，對自我–他者經驗一致性之渴望的完滿體現。在第二個夢境中，年輕、被下藥的男女代表著毫無生氣的圓滿意象（image of wholeness）。喬安的靈性和生命，可說是一直被她消極的父母關係（父母之間的分離，以及亂倫的三角）所籠罩著。公牛的出現則反映了在動物層次上被活化的力比多，這種力比多是為了激發喬安心靈中缺失的本能維度而出現的。這是一種治癒的意象，屬於一種更古老的文化情結，而非文明時代中人類優越性的（human superiority）幻想。將人類與公牛連結起來的敘述，始於舊石器時代。新石器時代的人們認為，公牛象徵著無限的力量、權力及性欲。公牛代表著喬安的力比多，退回到文化前（pre-culture）的另一個層次中，而這種退回正是她的心靈所採用的方式，為的是要讓她觸及其內在功能缺失的本能元素。公牛非常強烈地表示牠是主人，也就是說，一個不同於人類的原型，正在她的治癒歷程中主導一切。換句話說，與她成為黑人和／或美國原住民的拯救者、救世主（本能的阿尼姆斯）的幻想相反，在她的心靈中，本能層次的活動主導著一切，在那個領域中，現今的種族歧視對她來說就不再那麼重要了。正如羅伯特‧斯坦（1974/1993）[6] 所說的，「分析過程的目的在於能夠闡述如下：幫助個體重新獲得與

6　譯註：羅伯特‧史坦（Robert Stein）醫生，一九五〇年代在蘇黎世榮格研究所學習。他在加州以榮格分析師的身分執業，專門從事靈魂照護。他是「個體化研究中心」的創始人，著有《亂倫和人類愛情》等書。

其本能之間的信任與連結，如此他便能夠自發、本能及創造性地生活著」（頁 22）。

榮格（1967）明白，為了要達到這個目標，退行到不是那麼現代的文化層次往往是有必要的：

如果倒退的力比多將這一層次重新啟動，生命就有可能得以更新，也有可能是遭到摧毀。當退行延伸到邏輯結論上，意味著其與自然本能的世界得以重新連結；在其正式形式或理想面向上，這種退行也是是一種原初物質（prima materia）。（段 631）

藉由這種回歸／退行，抑制人格成長的個人和文化情結都可以因為經由體驗到自我的光輝而開始獲得療癒；而這種療癒所體現的方式，本質上感覺先於文化條件；儘管事實上，它運用了更早以前當自然與文明之間還沒太分離時的文化經驗。

總結評論

本章的目的，是透過一個五十二歲的女性個案的分析材料，闡述文化情結和個人情結之間密切的臨床關係。在個案的幻想中，早在青春期之前，她一直運用刻板印象再現她早期發展史裡那些活躍的焦慮與衝突。我的個案與她幻想或夢中的文化角色並沒有任何實質的關係，這意味著在文化無意識層次中，文化的刻板印象有著相對的自主性（Henderson, 1990）。然而，她對這些刻板印象的創造性運用，揭現了文化情結在個人無意識當中的運作，可能像在文化

層次中一樣，會將與差異有關的焦慮加以組織和綑綁起來。個案的力比多在分析中顯現出自身的創造力，讓個案退行回到對她來說是文化前的層次裡，藉此讓她意識的心理運作中原本缺失的本能維度可以供她使用。

這位個案所使用的意象（imagery），以及其中所隱含的動力，對她分析歷程中所湧現的移情和反移情，具有重大的意義。如果個案要將她幻想中所顯現的創造力加以整合，那麼在意識層面就還有許多部分是有待探索的，例如，比起她幻想中的黑人意象，她還沒探討自己與真實的黑人分析師之間互為主體的現實關係。

迄今為止，這段分析歷程就像是一座孤島，遠離了任何設法深入探索其文化態度的方式。她的夢境警告著自己，如果分析僅僅只是被她的黑人男人帶到一座島嶼上，而這男人卻不在乎她的教育，這便是一種對父權責任的背叛。所謂父權的責任是指幫助她意識到自己的心靈明顯想要瞭解文化情結，好讓她自己能夠更有意識地成為這世界所存在的一部分。

在臨床情境中，文化情結和個人情結以不同的方式交織在一起，讓超越心智結構（mental apparatus）（本我、自我等等）和個人客體關係的互為主體之場域因而加深了。透過文化情結運作的歷史過程，並不一定要是屬於真實而外在經驗的一部分，才能對個人和／或群體的意識產生影響。文化意象是經由幻想和具體現實所共同反映出來，並且以文化情結加以組織而成。在個人情結和文化情結所創造的互為主體之矩陣中，有關文化道德這種更大的困境和議題將會因為這些差異而被人格化，而相似性所產生的血緣關係感受則會讓人們看不到眼前的心靈群體層次。

分析訓練機構中的
混亂與碎裂

詩人波赫士[1]在一首詩裡這麼說：「真是奇怪呀，竟然有夢這玩意，竟然有鏡子那玩意……。原本平凡而一陳不變的每一天，都充滿著想像。」在這一章裡，我會展開三條平行的思路，並透過分析訓練機構來作為一種對社會歷程建立觀察（想像）的框架，將社會和訓練機構中的混亂與碎裂，與群體無意識相關的動力及困境連結起來。在本章的第三部分中，我將指出這兩者之間的關係。

在本章的第一部分，我會從更大的文化歷史情境中，簡要地闡述精神分析和分析心理學的起源。在第二部分裡，我會指出分析這一專業在其訓練制度的建立與奠定過程中，所造成的許多充滿問題的張力，因而導致分析機構整體潛在的混亂和碎裂情況。在第三部分，我會將這兩條支線與混亂及碎裂的情形重疊在一起。

這些想法在我心中萌芽已經好一段時間了它們受到許多不同來源的動力推動著：藉由在舊金山榮格研究所擔任主席當選人（president-elect）和主席的期間，以及在不同的分析機構裡擔任團體歷程訓練的協同領導者[2]的過程——而這些機構主要是幫助分析師在自己的訓練機構進行分析訓練時，要如何從整體性或系統性的觀點來看待群體。除此之外，我也參與了有關團體歷程的訓練，同時持續進行著關於文化情結概念的工作與寫作，在這之中，文化和群體層次的無意識功能始終是我所關注的焦點。我在上述環境中所

1　譯註：波赫士（Jorge Luis Borges, 1899-1986），阿根廷作家、詩人、翻譯家，作品涵蓋短篇小說、短文、隨筆小品、詩、文學評論、翻譯文學等多個文學範疇，以雋永的文字和深刻的哲理見長。他原來學習法律，後來因為目盲，全力投入文學創作。

2　譯註：不管是這裡出現的協同領導者，還是本章後面出現的協同催化員，在當代的心理治療圈中，已越來越常見代替督導來稱呼心理工作者。這是由於在心理治療工作中，參與者更像是一起合作的夥伴，使用協同○○者較層級明顯的稱呼更能突顯這樣的合作關係。

提到的工作，是本章資料數據和推斷結果的主要來源。這些背景脈絡往往是依成員的規模、諮詢需求的迫切性，以及複雜性等各部分而有所不同；但是，群體的任務往往是社會最初凝聚力的最初起點，因為它可以做為觀察、解釋群體與個人在群體中所有焦慮與創造性努力各種不同的表現。

成偶的兩極、次群體、形成刻板印象及尋找代罪羔羊，是分析機構和整體社會中常見的歷程。為了防止群體解體或自戀傷害，不同的次群體因而團結起來，在這樣的情況下，差異性產生的焦慮和挫折感反而逐漸增加，並強化了這些差異性。所有這些彼此矛盾的反應，會讓尋找新的、創造性的解決方案變得非常困難。比昂（1961/1983）其中一個觀點是，文化機構是投射的儲存庫或脈絡和精神病焦慮的容器：例如，教會與依賴的需求、軍隊與攻擊性或戰鬥或逃逸（fight/flight）動力。然而，分析機構中又抱持著怎麼樣的情緒功能呢？

分析機構以它們自己的方式，藉由演化形成的社會結構，來抱持和處理某些做為機構生命一部分的精神病焦慮。分析師候選人會擁有一位個人分析師（personal analyst）和一名控制分析師（control analyst）；在正式結構和非結構的情況下，存在著訓練委員會，以及與委員們和同事之間的關係。我們會瞭解究竟該如何扮演自己的角色、自己與制度結構之間又是如何關聯，而且如果夠細心，我們也會瞭解自己與將機構生活當作社群的這個無意識維度之間又是怎樣的關係。這個社群包括過去歷史中的鬼魂和祖先，他們以意識形態和祕密的忠誠與歸屬，以及多種次群體等方式，繼續存在著。這些動力往往承載著我們在制度上向來承受之痛苦的歷史，也承載著

未修通的個人的與人格的自我（personal and characterlogical selves）之歷史。就如同社會的狀況一樣，挑撥離間與政治往往構成許多情感部分的匯聚，在分析機構中也是如此。

身為機構中的一員，我們會不斷深入地探討對候選人和會員來說，最佳的訓練環境為何。加樂思・希爾（Gareth Hill, 2007）在一篇題為〈分析社群裡的祕密痛苦〉（The Secret Agonies in Analytic Communities）的論文中如此說道：

我們的許多移情、反移情，以及機構日常生活中的共移情（co-transferences），由於各種條件因素，迄今還沒有解決，或是無法解決。當然，在解決問題的必要條件中，最重要的就是足夠的真實關係，以及致力於解決它的決心。那些無法解決的問題會留存在我們心中，而我們也或多或少會退回到這種人格面具的適應狀態中，並接受這些人恐怕永遠都會在我們生活中的這一事實。（頁14）

只需稍加思考就能意識到，上述精神分析機構中的這些活躍的歷程，和大部分社會的運作歷程是相同的：儘管是不同的範圍，卻存在著許多類似的一切，包括投射與內攝等心理機制、身分認同和歸屬感的問題，以及要如何與現實的差異建立關係等等。要處理這些動力，至少一定要處理這些活躍的無意識歷程，而這些無意識歷程就是我們機構生活的原始物質。我認為，就像大部分的社會一樣，在我們的機構中，文化情結的組構是群體原型如何展現在群體生活中最開始和最基本的方式。困惑、不確定及持續中的脆弱，是

文化幽靈：歷史已經看不見的傷，為什麼還是我們生活中的幽靈？

群體生活的一部分，需要我們共同的承諾才有轉化的機會。

群體的矛盾

比昂在他的《比昂論團體經驗》（*Experiences in Groups*, 1961/ 1983）一書中提及過去已有許多人所提出的這點：人類是屬於群體動物。這一點意味著我們一直存在於群體之中（群體的內在，也就是存在於我們心智之中的群體，或者各種存在於外在的組織和機構群體），而且我們既沒辦法與彼此共存、也不能在沒有彼此的情況下活下去。這表示當前持續的任務在於，在隸屬之身分認同、歸屬之需要，以及自主之願望這四周衍生的矛盾歷程中，從中湧現的困難與焦慮，究竟要如何處理。這一切努力，包括迴避、連結、抵抗防禦，以及利用參與群體的焦慮，是任何群體成員和國家公民都要面臨的持續的任務。而這項任務會變得更加困難，因為這一切動力的處理是在群體無意識層次裡，也就是比昂稱為「基本假設」（Basic Assumptions）[3] 的基本幻想系統運作的地方。我們在團體中的參與，讓我們意識到在團體內和在團體外的差異，而這會讓我們一次又一次地質疑身為人類的意義。

在十九世紀後半到二十世紀上半的文化變遷之際，以及群體相互矛盾的背景下，精神分析和分析心理學誕生了，並回應這個時

3　譯註：比昂認為，所有群體都有潛意識的情感驅動力，且這些驅動力影響著他們的每一個想法和行動。這是由該組織關於「誰或什麼將我們從這場混亂中拯救出來」的信念決定的。他將這些信念稱為「基本假設」。而掌握哪個假設組正在影響行為，是了解系統動態及其對變化的反應的關鍵。

代邁向現代主義的巨大轉折。在這樣的文化變遷中，分析成為解放的力量，塑造了男人和女人們經由發展出自己主觀的內在生命來看待自己的方式。分析為自性的發展提供了一種方法、一種框架，以及一種理論的取向。當文化變遷的發展方向迅速朝向工業化、城市化，且家庭制度不再是生活重心的同時，以無意識的概念來反映個人生命也就油然而生。「佛洛伊德關於無意識的觀點，表明了在現代條件下，在這些更大的文化象徵公共模式與個體的私有內在象徵世界之間，是不存在任何既有的合適或和諧。」（Zaretsky，2005，頁6）於是，教會和家庭所提供的抱持性環境也開始碎裂了。

索努・山達薩尼（Sonu Shamdasani）在《紅書》的導讀裡，對當時的文化背景是這樣描述的：

> 個體透過所有的面向，尋找可以用來描繪內在經驗之真實性的全新形式，以尋求精神上和文化上的更新。……在這文化危機中，榮格想出了在這自體的實驗採取具有擴展性的歷程，而這一切努力才有了《新書》（*Liber Novus*，紅書之拉丁文名稱），一本採取了文學形式的心理學著作。（2009，頁194）

就這樣，在十九世紀和二十世紀的生活脈絡中，心理分析以文化力量的形式的誕生，其不僅成為一種文化客體，幾乎也同時成為一種文化情結。分析是來自於文化中的一股需要，它既是源於這需要的涵容，也是源於這需要的回應。分析的命運與分析的誕生息息相關：分析是和社會的歷程緊密相連的。但是，在分析確立自

己是為一門科學領域的過程中，分析師和分析機構變得越來越孤立於社會，甚至與社會脫節，反而轉向了精神分析圈內部，只向當初成立精神分析的人們來尋求靈感。儘管事實上，「詮釋、共演（enactments）及關係的構建在無意識中複製了分析師文化信念系統中未經檢驗的信念」，而且在很大程度上，文化的真相是分析工作相互性的一部分，但孤立的這情形還是出現了（Bodnar, 2004，頁 581）。文化脈絡遭到內在的心靈焦點所掩蓋了，因此，「文化歷史的魔像 4 不斷地敲著分析的門。」（Bodnar，2004，頁 4）

　　然而，促成精神分析興盛的這些文化條件，在過去的四、五十年裡又繼續發生變化，反而導致分析逐漸邊緣化。在這樣的情況下，分析要怎樣才能反映、並面對這種社會變化呢？文化的多樣性、可變性及社群媒體，模糊了民族、種族及性別群體之間的界限，這些情形全反映出文化變遷的動態。個人之間和社會之間界線的變化，形成了複雜的個人心智內在世界，以及複雜的個人與群體的關係。隨著創傷成為描述個人和群體經常的用語，文化變遷也就不可避免地與造成創傷歷史的那些群體內外的差異有所關聯。即便如此，我們的分析領域之所以會被邊緣化，不僅僅是因為在醫學院或研究所中很少教授分析相關知識，在專業期刊中也很少被引用，其價值也受到「更嶄新的」神經科學處理方法和認知治療方法所貶低。分析領域的問題不僅在於它與其他學科之間的關係，也正如斯特潘斯基（Stepansky, 2009）所指出的那樣：「我的論點是……在過去的三十年裡，精神分析內部的分裂形成了競爭，甚至形成了類

4　譯註：魔像（Golem），猶太傳統中的魔法泥人，也譯作戈倫。

似各種分裂教派的團體，而這領域邊緣化的歷程於是同步形成；從歷史上來看，這兩種趨勢是交織在一起的。」（頁 xvii）

此外，分析過去承諾會促成的解放，如今已有許多其他的治療形式與各種處理方法可以提供，從瑜伽到冥想到薩滿教（shamanism）都是。然而，分析機構就如同一般的社會一樣，並沒有注意到群無法體的矛盾，這使得我們無法與他們共存；然而，少了他們，我們也無法生活。因此，安全和生存問題陷入孤立無援的境地。

佛洛伊德、榮格、他們的追隨者，以及文化情結

我的第二條思路的基調和立場其實是佛洛伊德所定調的，他在自己的論文〈精神分析運動的歷史〉（On the History of the Psychoanalytic Movement，1914/1959）如此陳述著：

沒有人會詫異地發現我對精神分析運動歷史的貢獻，也不需要懷疑我在其中所扮演的角色。因為精神分析是我創造的；這十年來，我是唯一關心它的人，而新學說在我同時代人中引起的所有不滿，都以批評的形式排山倒海地湧向我。雖然我早已不是唯一的精神分析師，但我認為自己有理由堅持認為。即使是到了今天，也沒有人比我更瞭解什麼是精神分析、它與其他心智生活研究的方法有何不同，以及更確切地來說，哪些應該稱為精神分析，而哪些又應該以其他名稱來稱呼。（頁 287）

要解讀佛洛伊德在這段引文中所表達的態度，可能需要一整章篇幅。而我想指出的，是這個聲明除了他清楚地表達精神分析具備所有權人，以及其權力與權威的議題之外，我們也能在往後的文章裡繼續讀到那些採取類似立場的幾個世紀代的分析師。我們不斷地回歸到領袖魅力的母親／父親的原創者，以獲取我們創造力和概念更新的泉源。這樣的立場成為核心，各種分析組織逐一創建，並將忠誠的議題編織到分析訓練的結構裡，這些議題包含：分析中的父子關係、家譜、血緣、啟蒙和受膏儀式，還有基於權威而非深切思考的自省和積極辯論的那些觀念主張等等。這些歷程很難讓以訓練為主要焦點的分析機構去討論與群體有關的議題，以及與權力、權威和自戀等有關的議題。群體層次的無意識因而以這些議題為中心，形成了部落群體一般的陰影。這些未充分討論的議題，往往以縈繞不去的群體情結繼續存在著。我們可以想想湯瑪士·克許（Tom Kirsch, 2004）對榮格和佛洛伊德之間的分裂的描述，以及這種分裂持續衝擊我們如何思考自己的分析身分，以及我們與這個世界的連結方式：

　　我們將佛洛伊德和榮格之間的關係帶入我們個人和群體心靈中的方式（他們的合作、他們的鬥爭、後來圍繞他們個人周邊形成的群體後續的歷史，以及從他們的工作和他們的「學派」中所長出的理論與實踐），構成也貢獻了「文化情結」的形成，然後這些情結注入我們每個人的內在，以及我們認同的或視為競爭對手的群體之中。（頁 186）

在我最近一次擔任協同催化員的團體訓練歷程中，來自三個不同分析機構——兩個來自精神分析機構、一個來自榮格學派——的幾位成員在團體中省思的時候，提及了「兩個精神分析機構」。我的同事，一位榮格分析師，中斷了我們的對話，說道：「這裡有三個不同的機構。」團體中的成員看起來很困惑，其中一個人問道：「所謂第三個是什麼？」她回答道：「榮格學院。」這是非常令人震驚的時刻，因為我們當時的訓練是在舊金山榮格學院舉辦的。如果放棄自己的獨立思考，只是執著對自己所屬機構的忠誠時，確實會造成集體的盲目。

　　如果我們反思佛洛伊德和榮格之間的關係，我們便能回顧一下忠誠與歸屬感所造成的困難。他們在歷史上的衝突、鬥爭及分裂，活生生地存在於我們的歷史之中，並且鮮活地展現在我們對分析之觀念模式的忠誠中。這種活生生的文化情結，定義了我們專業的身分和歸屬感。這個群體情結所涉及的戰鬥或逃逸（fight-flight）狀態，似乎佔據了我們分析景域很大的一部分。無意識裡戰鬥或逃逸的策略會讓我們創造共同的幻想；這種幻想能保護我們群體的自戀凝聚力和對這世界共享的感覺。如果我們的文化情結沒能活化，要針對我們四周的差異展開合理的對話是相當困難的。

　　前面所提到的兩種思路，同樣有著某種與群體層面的心靈現實有關的無意識。這就像諸神只生活在原型的領域，當祂們降臨的時候，也只是存在於個體之中。但諸神實際上生活在城邦之中、在群體的現實中，就如同榮格試圖向我們指出的，在二戰之前的那些事件裡，日耳曼人的心靈出現沃坦神那樣。如果要在群體的層次和個體心靈的群體層次上明白心靈的現實，就必須克服一系列強大的阻

抗。不過，在社會裡也好，在分析機構也好，感覺到不同「群體」的存在似乎讓我們覺得很容易受傷，然而這群體又往往是成員所塑造出來的。因此，我們幾乎無法反思整體性之下的群體、反思我們與群體的關係，以及反思對分裂、投射及內攝歷程中已經活化與表達的動力中我們自己所造成的影響，而這些歷程既是在我們的機構中，也是在社會中運作著。

認識論的焦慮：現在我們究竟在哪裡？

我認為，有些群體原型的表現是需要透過文化情結的匯聚，而且這些情結匯聚在社會脈絡中的狀態，大致上與在我們機構中的生活是一樣活躍。這意味著分析師和個案的文化歷史，以及分析的湧現和運作，都是由原型動力所構成的。「有人可能會說，被分析者的個人歷史是在分析的過程中慢慢匯聚而成的，而這匯聚則取決於移情／反移情歷程中的能量。」（Stein，1987，頁52）在這裡，我想順著史丹的評論再進一步說明：分析中的匯聚包涵了個案的社會史和文化史。文化情結的觀念是一種讓人們可從心理學的觀點，來理解一個人的社會、文化背景及歷史的工具。在群體層次上學習瞭解無意識，我認為有助於我們在集體中更自由的運作、也有助於我們在集體中潛在的轉化任務。換句話說，關注我們集體生活的無意識面向，是持續創造出促進成長的環境，同時又逆轉該工作的方式。理解我們自己無意識的群體歷程和動力，不僅可以幫助我們的機構生活超越基本假設而繼續發展，我們也可能提供某些想法給其他群體。

為了更深入地探究這個問題，我們的機構，還有一般的精神分析機構，特別是在心理治療、心理衛生領域，以及更大的文化設置中的分析，都面臨著這一切的相關性、權威性及統一觀點等等多重的壓力。許多心理的、心靈的及治療的處理，都主張各種可能的成長與轉變。我們所珍視的自主權，正受到來自多重面向的侵犯，尤其是集體的要求。在這文化轉向的背後，有一個懸而未解的問題，也就是，從訓練、臨床實務及市場的幾個面向來說，究竟是什麼構成了分析的身分？另一方面，在我們的機構裡（同樣包括我們的分析機構），我們發現，爭論最多的問題通常是在究竟什麼才可以稱為分析，以及，誰是分析取向而誰又不是。這些問題都很重要，因為這些問題的答案為我們指明了方向，釐清有關自己正式上和隸屬上是歸於誰，或歸屬哪個群體。於是，這種擁有某個有價值的身分、並歸屬這身分的需要推著我們、牽引我們，走向不同的隸屬、忠誠、派系及意識形態上的認同。這些機構生活中次群體認同有關的陰影，當然就是分裂與內訌。這些機構內在的動力，就是事情永遠處於無法解決而且崩潰邊緣的地方，而且很有可能永遠都是這樣；然而也正是這個地方，為我們提供了變得有生產力和創造力的位置與空間。當這個空間崩潰時，競爭、自戀的剝削與傷害、無法容許、自以為是等等現象，全都會顯現出來，充滿理想主義、且由智慧老人（塞內克斯）所驅動（senex-driven）[5] 的十字軍東征於

5　譯註：榮格將 senex 視為一種原型。在古羅馬，Senex（拉丁語老人的意思）的頭銜只授予在村裡有良好家庭地位的老人；參議員（senator）的頭銜因此而來。對榮格而言，所有原型都有對立的兩面性。Senex 原型正面的形式包括智慧老人或巫師；負面的形式則有吞噬的父親（例如希臘神話中的烏拉諾斯、克洛諾斯）、變傻的老人，或是拒絕退位或死亡的國王。而 senex 的對立原型或物極必反的對立面是 puer ／ puella，亦即永恆少年（少女）或青春。

是開始了。我們將真切地陷入超乎個人的力量之中。總之，我們重蹈覆轍了籠罩每個機構的機構分析的悲慘歷史。然而，在對改變的渴望和對新處境未知且不確定的恐懼之間，想要抱持兩者之間的張力，確實是非常困難的。比昂（1961/1983）提醒我們要注意處於群體關係核心中的原初歷程：圍繞著歸屬與依戀、毀滅及身分認同的這些焦慮，在群體生活中圍繞著生存而產生了基本假設。當我們在處理關於居住和生存的群體壓力的同時，我們當前的生活、制度狀態及文化歷史當中的許多事情，都還放在一旁沒解決沒處理。這些尚未修通的歷程（unworked-through process）因此成為我們機構的幻影。

那麼，在這些訓練機構與社會之間，這種混亂而碎裂的重疊與相似之處，我們該怎麼辦呢？在我看來，無論是在分析培訓機構中，還是在社會中，我們全都生活在群體生活的現實裡，但是，我們對自己與群體的關係有關的意識並沒有充分發展，也因為如此，群體的動力往往是傾向於無意識層面的運作。於是，我提出分析機構中的無意識其實是十分部落性的這個想法。部落無意識相關的條件，包括了血緣力比多將投注在這些認同裡，包括共同的群體身分、共享的利益、不同的家譜，這些未經檢驗的假設（也就是基本假設）所主導的身分認同裡；如果幻想這個群體與其成員、居民是分開存在的，就會呈現出一種退行狀態，讓群體的反思因而更加困難。我們很容易受到各種無意識流動的影響；而這些在其中、其外、其上的感受，是來自四面八方的。我們迫切地需要提升我們對群體內和群體本身的意識。

分析培訓機構擁有這樣做的先決條件之一：團體成員資格與

其他有共同心理取向的人保持關係；在這種關係中，作為團體生活一部分的緊張關係可以得到審查和處理。群體成員的資格要能與其他相同取向的人保持持續的關係，而經由這關係，身為群體生活一部分的張力能夠得到檢驗與處理，以利於建立起更加協作的關係與群體發展。若是這麼做的話，存在於我們無意識中的陰影可能就可以減少。提高訓練歷程的透明度，包括文件與評估等，會讓訓練中的互動朝向以現實為基礎（reality-based）且互為主體的關係來發展。如果能夠加以注意我們所屬機構的孤立性，這將可以打開我們的心靈來面對其中的文化和自己與這點的關係。在這一切的情況下，無意識並沒有消失，而是更存在於兩者之間的空間（the spaces between）：內／外的界線變得不那麼僵化。這種透明度可以為訓練的歷程多幾分催化；之所以提出問題、澄清及概念的重構，目的是希望能夠讓彼此更相互覺察到對方的期望、所重視之焦點，以及遭遇到的困難。也許到了那時候，我們就可以培養出對彼此觀點的寬容和尊重，並且展現將我們的工作和理解與其他學科和整個社會相結合的意願。

致謝

本書收錄之論文曾發表於下列期刊和書籍中：

- 〈文化情結和集體陰影歷程〉（Cultural Complexes and Collective Shadow Processes, Daimon Verlag, 2003）

- 〈文化哀悼、文化抑鬱及文化情結帶來的社會苦難〉（Social Suffering through Cultural Mourning, Cultural Melancholia, and Cultural Complexes, *Spring Journal*, 2007）

- 〈群體創傷在日常生活中的傳遞〉（Transmission of Group Trauma in Everyday Life, *Psychological Perspective Journal*, 2006, Daimon Verlag, 2003）

- 〈在臨床和文化空間重疊之處運作的文化情結〉（A Cultural Complex Operating in the Overlap of Clinical and Cultural Space, Routledge Publishing, 2004）

- 獲得授權引用奧古斯特・威爾森（August Wilson）的《海洋寶石號》（*Gem of the Ocean*, Theatre Communications Group）

- 獲得授權引用奧古斯特・威爾森的《兩列火車在奔跑》（*Two Trains Running*, Penguin, 1992）

- 在此感謝約翰・畢比（John Beebe）和湯姆・奧格登（Tom Ogden）對本書在不同發展階段的寶貴意見和回饋。

- 感謝我的同事蘇西・斯普拉德林（Suzy Spradlin），由於與她一

同在不同群體的合作，讓我從中產生了許多想法與概念，而這也有助於我對於群體無意識生活有了更多理解。

- 我感謝我的同事湯瑪‧辛格（Tom Singer）對文化情結觀念的貢獻，以及他在這一領域持續研究的努力。
- 我感謝榮格心理學成員的支持，他們擁抱了文化情結的觀念，並對其發展付出自己的貢獻。
- 我也要感謝莫里‧拉普（Maury Lapp）授權我使用他的畫作，作為本書的封面（編按：指本書原文書封）圖像。

參考書目

Aboud, F. E. (1988). *Children and prejudice.* New York: Blackwell.

Abraham, N., and M. Torok. (1994). *The shell and the kernel.* Chicago: University of Chicago Press.

Baldwin, J. (1998). *Collected essays.* New York: Library of America.

Banaji, M. R. (2001). Implicit attitudes can be measured. In H. I. Roediger, J. S. Nairne, I. Neath, & A. Surprenant (Eds.), *The nature of remembering: Essays in honor of Robert G. Crowder* (pp. 117–50). Washington DC: American Psychological Association.

Banaji, M. R., and A. G. Greenwald. (2013). *Blindspot.* New York: Delacorte Press.

Barnard, J. (2004, June 26). Eureka grants Wiyot tribe 1860 massacre site. *The Associated Press State & Local Wire.*

Benjamin, J. (1995). *Like subjects, love objects: Essays on recognition and sexual difference.* New Haven: Yale University.

Bion, W. R. (1961/1983). *Experiences in groups.* London: Tavistock Publications.

Bion, W. R. (1962) Learning from experience. In *Seven Servants.* New York: Aronson.

Bloom, H. (1998). *Shakespeare.*, New York: Riverhead Books.

Bly, R. (2004, May). The wind isn't depressed. *The Sun,* 7–13.

Bodnar, S. (2004). Remembering where you come from: Dissociative processes in Multicultural individuals. *Psychoanalytic Dialogues,* 14 (5), 581–604.

Bollas, C. (1987). *The shadow of the object.* New York: Columbia University Press.

Borges, J. L. (1999). *Selected Poems.* Harmondsworth, England: Viking, Penguin.

Bowlby, J. (1973). *Separation: Anxiety and anger. Attachment and loss* (Vol. 2). London: Hogarth.

Bowlby, J. (1988). *A secure base: Clinical applications of attachment theory.* London: Routledge.

Carroll, J. (2001). *Constantine's sword: The Church and the Jews, a history.* New York: Houghton.

Cavalli, A. (2012). Transgenerational transmission of indigestible facts: From trauma, deadly ghosts and mental voids to meaning-making interpretations. *Journal of Analytical Psychology,* 57, 597–614.

Chomsky, N. (1968). *Language and mind.* New York: Hartcourt, Brace, and World.

Clark, K. B. (1963). *Prejudice and your child* (2nd ed.). Boston: Beacon Press.

Clark, K. B. & Clark, M. P. (1939). The development of consciousness of self and the emergence of racial identification in Negro preschool children. *Journal of Social Psychology,* 10, 591–9.

Coleman, A. D. (1995) *Up from scapegoating.* Wilmette, IL: Chiron Publications.

Connolly, A. (2011). Healing the wounds of our fathers: Intergenerational trauma, memory, symbolization and narrative. *Journal of Analytical Psychology,* 56, 5, 607–26.

Corbin, H. (1980). *The question of comparative philosophy.* Dallas: Spring Publications.

Daniels, L. (Director) (2013). *The Butler.* United States: The Weinstein Co.

Derrida, J. (1994). *Spectres de Marx.* London: Routledge.

Douglas, F. (1998). What to the slave is the fourth of July? In S. Barboza (Ed.), *The African American Book of Values*. New York: Doubleday.

Dourley, J. (2003). Archetypal hatred as social bond. In J. Beebe (Ed.), *Terror, violence and the impulse to destroy* (pp.135–59). Einsiedeln, Switzerland: Daimon Press.

DuBois, W. E. B. (1935). *Black reconstructions*. New York: Harcourt, Brace and Company.

Du Bois, W. E. B. (1961). *The souls of black folk*. New York: Fawcett Publications.

Edinger, E. (1996). *The Aion lectures: Exploring the Self in C.G. Jung's Aion?* (D. Wesley, Ed.). Inner City Books, 1996

Ellison, R. (1956). *The invisible man*. New York: The New American Library, Signet Books.

Emery, E. (2001, April 26). Into the labyrinth: Threads, specters, and dreams in the work of James Grotstein. Presented at the Div. 39, Annual Spring Meeting.

Eng D. L. & Han, S. (2000). A dialogue on racial melancholia. *Psychoanalytic Dialogues,* 10(4), 667–700.

Fanon, F. (1952). *Black skin, white masks*. New York: Grove Press.

Flatley, J. (2008). *Affective mapping*. Cambridge, MA: Harvard University Press.

Foucault, M. (1973). *The order of things: An Archaeology of the human sciences* (Alan Sheridan, Trans.). New York: Vintage.

Fowlkes, M. (1991). The morality of loss: The social construction of mourning and melancholia. *Contemporary Psychoanalysis, 27* (3), 529–51.

Fresco, N. (1984). Remembering the unknown. *International Review of Psychoanalysis,* 11, 417.

Freud, S. (1914/1959). *The history of the psycho-analytic movement* (Vol. 1). New York: Basic Books, Inc.

Freud, S. (1917). Mourning and melancholia. *Standard edition* (Vol. 14). New York: Basic Books, Inc.

Freud, S. (1919). The uncanny. In *Standard Edition, Collected Papers* (Vol. IV). New York: Basic Books, Inc.

Gerhardt, J., and A. Sweetnam. (2001). The intersubjective turn in psychoanalysis: A comparison of contemporary theory. Part 2, *Psychoanalytic Dialogues,* 11(1), 43–92.

Garnet, H. H. (1843). *An address to the slaves of the United States of America, Buffalo, N.Y., 1843*. Electronic Texts in American Studies. University of Nebraska - Lincoln. Retrieved from DigitalCommons@University of Nebraska - Lincoln.

Gerson, S. (2009). When the third is dead. Memory, mourning and witnessing in the aftermath of the Holocaust. *International Journal of Psychoanalysis,* 90,6, 1341–57.

Gezer, Özlem. (2013, November 17). Interview with a Phantom: Cornelius Gurlitt shares his secrets. *Spiegel*. Retrieved from http://www.spiegel.de/international/germany/spiegel-interview-with-cornelius-gurlitt-about-munich-art-find-a-933953.html.

Gilman, S. L. (1985). *Difference and pathology*. Ithaca, NY: Cornell University Press.

Gissler, S. (1997). The media in black and white. (E. E. Dennis & E. C. Pease, Eds.). New Brunswick, NJ: Transactional Publishers.

Gordon, A. (2008). *Ghostly matters*. Minneapolis: University of Minnesota Press.

Grotstein, J. S. (2000). *Who is the dreamer who dreams the dream?* Hillsdale, NJ: Analytic Press.

Gyimesi, J. (2009). Psychoanalysis and the occult. *American Imago,* 66(4), 457–70.

Henderson, J. (1990). The cultural unconscious. In *Shadow and Self: Selected papers in analytical psychology*. Wilmette, IL: Chiron Press.

Hersch, J. (1985). *From ethnos to polis: The Furies and Apollo*. Dallas, TX: Spring Publications.

Hill, G. (2007). Secret agonies in analytic institutes: Irresolvable, unspeakable, and unbearable co-transferences, and the black sun. *Journal of Jungian Theory and Practice,* 9(1), 11–15.

Hillman, J. (1983). Archetypal psychology: A brief account. Dallas: Spring Publication.

Hillman, J. (1987). Oedipus revisited. In K. Kerenyi & J. Hillman (Eds.). *Oedipus variations.* Dallas: Spring Publications.

Homans, P. (1979). *Jung in context.* Chicago: University of Chicago Press.

Honneth, A. (2003). Redistribution as recognition: A response to Nancy Frazer. In N. Fraser & A. Honneth (Eds.), *Redistribution or recognition?* London and New York: Verso.

Honneth, A. (2010). *Recognition and contempt.* Barcelona: Spring.

Hopper, E. (1996). The social unconscious in clinical work. *Group* 20(1), 7–42.

Humbert, E. (1996). *The fundamentals of theory and Practice.* Wilmette, IL: Chiron Publications.

Huntington, S. (1993, Summer). The clash of civilization. *Foreign Affairs,* 22–49.

Jung, C. G. (1902/1970). On the psychology and pathology of so-called occult phenomena. *Psychiatric studies* (Vol. 1) (R. F. C. Hull, Trans.). Princeton: Princeton University Press. References to *The Collected Works* hereafter referred to by CW and volume number.

Jung, C. G. (1931/1960). The psychological foundation of belief in spirits. *The structure and dynamics of the psyche.* CW 8.

Jung, C. G. (1931/1970). "Preface" to Essays on contemporary events. *Civilization in transition.* CW 10.

Jung, C. G. (1934/1960). A review of the complex theory. *The structure and dynamics of the psyche.* CW 8.

Jung, C. G. (1934/1954). *The development of personality.* CW 17.

Jung, C. G. (1945/1970). After the catastrophe. *Civilization in transition.* CW 10.

Jung, C. G. (1946/1966). The psychology of the transference. *The practice of psychotherapy* (CW 16).

Jung, C. G. (1948/1980). *The symbolic life: Miscellaneous writings.* CW 18.

Jung, C. G. (1952/1967). *Symbols of transformation.* CW 5.

Jung, C. G. (1953/1977). *Two essays on analytical psychology.* CW 7.

Jung, C. G. (1954/1968). Archetypes of the collective unconscious. *The archetypes and the collective unconscious.* CW 9,1.

Jung, C. G. (1954/1969). On the nature of the psyche *The structure and dynamics of the psyche.* CW 8.

Jung, C. G. (1961). *Memories, dreams, reflections.* (Aniela Jaffe, Ed.). Toronto: Random House.

Jung, C. G. (1967). *Symbols of transformation.* CW 5.

Jung, C. G. (1968). *Aion.* CW 9ii.

Jung, C. G. (1969). *The structure and dynamics of the psyche.* CW 8.

Jung, C. G. (1973). *Letters, Volume One: 1906–1950.* Princeton: Princeton University Press.

Jung, C. G. (1973/1990). *Experimental researches.* CW 2.

Jung, C. G. (1989). *Analytical psychology.* (W. McGuire, Ed.). Princeton: Princeton University Press.

Jung, C. G. (2009). *The red book* (Sonu Shamdasani, Ed.). New York and London: W. W. Norton and Co.

Kennedy, R. (2003). *Interracial intimacies: Sex, marriage, identity, and adoption.* New York: Pantheon.

Kerenyi, K., & Hillman, J. (1987). *Oedipus variations.* Dallas: Spring Publications.

Kestenberg, J. (1989). Transposition revisited: Clinical, therapeutic, and developmental considerations, In P. Marcus and A. Rosenberg (Eds.), *Healing Their Wounds: Psychotherapy with Holocaust Survivors and Their Families* (pp. 67–82). New York: Praeger.

Khanna, R. (2003). *Dark continents: Psychoanalysis and colonization.* Durham, NC: Duke University Press.

Kimbles, S. (1998). Panacea and poison in analytic training. *Proceedings of the Fourteenth International Congress for Analytical Psychology,* Florence, Italy.

Kimbles, S. (2000). The cultural complex and the myth of invisibility. In T. Singer (Ed.), *The vision thing: Myth, Politics, and Psyche in the World* (pp. 157–69). New York & London: Routledge.

Kimbles, S. (2003a). Cultural complexes and collective shadow processes. In J. Beebe (Ed.), *Terror, violence and the impulse to destroy* (pp. 211–33). Einsiedeln, Switzerland: Daimon Press.

Kimbles, S. (2003b). Joe Henderson and the cultural unconscious. *San Francisco Jung Institute Library Journal*, 22,(2), 53–8.

Kimbles, S. (2004a). A cultural complex operating in the overlap of clinical and cultural space. In T. Singer & S. Kimbles (Eds.), *The cultural complex: Contemporary Jungian perspectives on psyche and society* (pp. 199–211). Hove & New York: Routledge.

Kimbles, S. (2004b). The cultural complex and the myth of invisibility. In T. Singer & S. Kimbles (Eds.), *The cultural complex: Contemporary Jungian perspectives on psyche and society*. Hove & New York: Routledge.

Kimbles, S. (2006). Cultural complexes and the transmission of group traumas in everyday life. *Psychology Perspectives*, 49(1), 96–110.

Kimbles, S. (2007). Social suffering through cultural mourning, cultural melancholia, and cultural complexes. *Spring Journal* 78, 203–17.

Kimbles, S. (2008). The journey to Africa: Cultural mourning in black and white. *Proceedings of XVIIth International Congress of Analytical Psychology*, Cape Town, South Africa.

Kimbles, S. (2010). Chaos and fragmentation in training institutes and societies. Presented at International Congress of Analytical Psychology, Montreal, Canada.

King, Martin Luthor. (April 1963). *Letter from Birhimgham Jail.*

Kirsch, T. (2004) Cultural complexes in the history of Jung, Freud and their followers. In T. Singer & S. Kimbles (Eds.). *The cultural complex: Contemporary Jungian perspectives on psyche and society.* Hove and New York: Brunner-Routledge.

Kleinman, A., V. Das, & M. Lock (Eds.) (1997). *Social suffering.* Berkeley: University of California Press.

Kohut, H. (1984). *How does analysis cure?* London: The University of Chicago Press.

Kradin, R. L. (2012). When ancestral heritage is a source of discomfort: Culture, pre-object relatedness, and self-alienation. *Journal of Analytical Psychology*, 57, 207–22.

Lacan, J. (1977). *Ecrits* (A. Sheridan, Trans.). New York: Norton.

Martinez, I. (2009). Toni Morrison's *Beloved:* Slavery haunting America. *Journal of Jungian Scholarly Studies* 4(3), 1–28.

Marx, K. (1972). *The Eighteenth brumaire of Louis Bonaparte* (Vol. 1) (Saul K. Padover, Ed.). The Karl Marx Library. New York: McGraw Hill.

Marx, K. (1994). *Selected writings* (L. H. Simon, Ed.). Indianapolis, IN: Hackett Publishing Co.

Masschelein, A. (2011). *The unconcept.* Albany: State University of New York Press.

McKown, C., & Weinstein, R. S. (2003). The development and consequences of stereotype consciousness in middle childhood. *Child Development*, 74(2), 498–515.

Milosz, C. (2001). *New and collected poems.* New York: Harper-Collins.

Mogenson, G. (1995). *Mourning and metapsychology: An archetypal view.* New Orleans: Spring.

Morrison, T. (1987). *Beloved.* New York: Knopf.

Nietzsche, F. (1886/1955). *Beyond good and evil.* (Marianne Cowan, Trans.). Chicago: Henry Regnery Co.

Nosek, B. A., Banaji, M. R., & Greenwald, A. G. 2002. Harvesting implicit group attitudes and beliefs from a demonstration web site. *Group Dynamics: Theory Research and Practice* 6(1), 101–15.

Odajnyk, V. W. (1976). *Jung and politics*. New York: Harper & Row.

Ogden, T. H. (1989). *The primitive edge of experience*. Northvale, NJ and London: Jason Aronson.

Ogden, T. (2004). On holding and containing, being and dreaming. *International Journal of Psychoanalysis*, 85(6), 1349–1364.

Perry, J. W. (1970). Emotions and object relations. *Journal of Analytical Psychology* 15(1), 1–12.

Power, S. (2002). *A problem from hell: America and the age of genocide*. New York: Basic Books.

Ramazani, J. (1994). *Poetry of mourning*. Chicago: University of Chicago Press.

Rediker, M. (2007). *The slave ship*. New York: Penguin.

Rosenbaum, T. (2002). *The Golems of Gotham*. New York: HarperCollins.

Roy, M. (2004). Religious archetype as cultural complex, Singer, T. & Kimbles, S. (Eds.), *The cultural complex: Contemporary Jungian perspectives on psyche and society* (pp. 64–77). Hove & New York: Brunner-Routledge.

Samuels, A. (1986). Original morality in a depressed culture. In Mary Ann Mattoon (Ed.), *The archetype of shadow in a split world*. Einsiedeln, Switzerland: Daimon.

Sanchez-Pardo, E. (2003) *Cultures of the death drive*. Durham, NC: Duke University Press.

Searles, H. (1972). Unconscious processes in relation to the environmental crisis. *The Psychoanalytic Review*, 59, 361–74.

Searles, H. (1992). Harold Searles talks to Martin Stanton. *Free Associations* 3/3(27), 323–9.

Shamdasani, S. (Ed.) (2009). *The red book*. New York and London: W. W. Norton and Co.

Shapiro, E., & Carr, W. A. (1991). *Lost in familiar places*. New Haven: Yale University Press.

Singer, T. 2003. Cultural complexes and archetypal defenses of the group spirit. In J. Beebe (Ed.), *Terror, Violence and the Impulse to Destroy*. Einsiedeln, Switzerland: Daimon Press.

Singer, T., & Kimbles, S. (2004a). *The cultural complex: Contemporary Jungian perspectives on psyche and society*. New York: Routledge.

Singer, T., & Kimbles, S. (2004b). The emerging theory of cultural complexes. In J. Cambray & L. Carter (Eds.), *Analytical psychology: Contemporary perspectives in Jungian analysis* (pp. 176–203). London: Routledge.

Springer, A. (1990). The return of the repressed in the mask of the victim. *The Journal of Psychohistory* 17(3), 237–56.

Stein, M. (1987). Looking backward: Archetypes in reconstruction. In M. Stein (Ed.), *Archetypal processes in psychotherapy*. Willamette, IL: Chiron Publications.

Stein, R. (1974/1993). *Incest and human love*. Putnam, CT: Spring.

Stepansky, P. (2009). *Psychoanalysis at the margins*. New York: Other Press.

Turquet, P. M. (1974). Leadership: The individual and the group. In G. S. Gibbard, J. J. Hartman, & R. D. Mann (Eds.), *Analysis of groups* (pp. 337-71). San Francisco: Josey-Bass.

Volkan, V. D., Ast, G., & Greer, W. F. (2002). *The Third Reich in the unconscious*. New York: Brunner-Routledge.

von Franz, M.-L. (1976). Foreword to *Jung and politics* (W. W. Odajnyk and V. W., Harper, Eds.). New York: Harper and Row.

von Franz, M.-L. (1997). *Archetypal dimensions of the psyche*. Boston: Shambhala.

Wainaina, B. 2005. How to write about Africa. *Granta*, 92 (Winter). Retrieved from http://www.granta.com/Archive/92/How-to-Write-about-Africa/Page-1.

West, C. (1999). *The Cornel West reader*. New York: Basic Civitas.

Wilson, A. (1992). *Two trains running*. New York: Penguin.

Wilson, A. (2006). *Gem of the ocean*. New York: Theatre Communications Group, Inc.

Winnicott, D. W. (1956). *Psychoanalysis and the sense of guilt*. Madison, CT: International Universities Press.

Winnington-Ingram, R. P. (1980). *Sophocles: An interpretation.* New York: Cambridge University Press.

Zaretsky, E. (2005). *Secrets of the soul: A social and cultural history of psychoanalysis.* New York: Vintage Books.

PsychoAlchemy 036

文化幽靈：歷史已經看不見的傷，
為什麼還是我們生活中的幽靈？

Phantom Narratives: The Unseen Contributions of Culture to Psyche

賽繆爾・金布爾斯（Samuel Kimbles）——著　王浩威、楊菁薷——譯

出版者—心靈工坊文化事業股份有限公司
發行人—王浩威　總編輯—徐嘉俊
特約編輯—周旻君　責任編輯—饒美君
內頁排版—龍虎電腦排版股份有限公司
通訊地址—10684 台北市大安區信義路四段 53 巷 8 號 2 樓
郵政劃撥—19546215　戶名—心靈工坊文化事業股份有限公司
電話—02）2702-9186　傳真—02）2702-9286
Email—service@psygarden.com.tw　網址—www.psygarden.com.tw

製版・印刷—龍虎電腦排版股份有限公司
彩峰造藝印像股份有限公司
總經銷—大和書報圖書股份有限公司
電話—02）8990-2588　傳真—02）2290-1658
通訊地址—248 新北市新莊區五工五路二號
初版一刷—2022 年 10 月　ISBN—978-986-357-253-4　定價—480 元

Phantom Narratives:
The Unseen Contributions of Culture to Psyche
by Samuel Kimbles
Copyright © 2014 by Rowman & Littlefield
Complex Chinese Edition Copyright © 2022 by PsyGarden Publishing Company
Published by agreement with the Rowman & Littlefield Publising Group through the
Chinese Connection Agency, a division of Beijing XinGuangCanLan ShuKan
Distribution Company Ltd., a.k.a Sino-Star.

國家圖書館出版品預行編目資料

文化幽靈：歷史已經看不件的傷，為什麼還是我們生活中的幽靈？/賽繆爾.金布爾斯 (Samuel Kimbles) 著；王浩威，楊菁薷譯.-- 初版.-- 臺北市：心靈工坊文化事業股份有限公司, 2022.10

面； 公分.-- (Psychoalchemy ; 36)

譯自：Phantom Narratives : The Unseen Contributions of Culture to Psyche.

ISBN 978-986-357-253-4（平裝）

1.CST: 群眾心理學 2.CST: 社會心理學 3.CST: 分析心理學

541.773   111015266